JN065796

歴史文化ライブラリー
573

疫病の古代史

天災、人災、そして

本庄総子

吉川弘文館

目　次

疫病から古代の社会を考える――プロローグ

鎌倉時代に編まれた『釈日本紀《しゃくにほんぎ》』という書物に、『備後国風土記《びんごのくにふどき》』の逸文《いつぶん》とされる一節が引用されている。それは、備後国にある疫隈国《えのくまのくにつ》社《やしろ》という神社の由来譚《ゆらいたん》だった。

蘇民将来伝説のリアリティー

昔、武塔神《ぶとうしん》と呼ばれる神様が、恋人である女神のところへ通っていた時のこと、道中で日が暮れてしまい、どこか泊まるところを探そうと考えた。ちょうどそこには、ある兄弟が住んでおり、兄の名前は蘇民将来《そみんしょうらい》といった。兄は大変な貧乏だったが、その弟の方は裕福で、膨大な数の家屋や倉を所有していた（屋倉《やぐら》一百在《あ》りき）という。そこで武塔神は裕福な弟の方に宿を借りようとするのだが、弟はもの惜しみして貸してはくれない。そこで武塔神は貧乏な兄・蘇民将来の家を訪ねたところ、蘇民将来は武塔神に宿を貸すことを快諾したばかりか、質素ながらも貴人に奉仕する時の作法に則り、座を設《しつら》えて食事を用意してくれたのである。

それから数年後のこと、武塔神は、我が子である神々を率いて、蘇民将来たちが住む地に再来した。武塔神が「あの時の奉仕に報いようと思う。家にお前の子孫はいるか」と尋ねるので、蘇民将来が、「娘がいます。それから妻がいて、一緒に暮らしています」と答えたところ、神は蘇民将来の娘の腰に茅輪《ちのわ》を着けさせるよう指示する。わけのわからぬまま、蘇民将来が言われたとおりにすると、その夜、武塔神は蘇民将来の娘一人を除いて人々を皆殺しにしてしまったのであった……。

以上が伝承のあらましである。そのまま素直に読むと蘇民将来やその妻まで殺されたかのように解釈できてしまってあんまりな話となるが、おそらくキーワードは「子孫」である。その地に住んでいた人々のうち、「子孫」と呼ばれる若年者たちが、蘇民将来の娘を除いてすべて殺されてしまったということなのだろう。

なぜそのように推測できるのかというと、武塔神が大殺戮を行った後に、次のような言葉を残しているからである。「私の正体はハヤスサノオノ神だ。今後、疫病《えきびょう》が流行った

（疫気在《えききあ》る）時には、蘇民将来の子孫だと名乗って、茅輪を腰に着けなさい。殺さないでおいてやるから」。武塔神ことハヤスサノオ（スサノオ）の大殺戮は、疫病流行の暗喩《あんゆ》なのである。そして疫病の流行は、しばしば若年層の大量死をともなった。

疫病が流行った時、犠牲になりやすい人の条件はさまざまであるが、防疫の知識が乏しく、疫病が流行り放題になりがちな前近代においては、天然痘《てんねんとう》など、罹患者に免疫ができる疫病の場合、若年者の被害が甚大となりやすかったのである。なぜなら、かつて疫病が流行った時に生き延びた世代の人々はすでに免疫を獲得しているものが多く、次に同じ疫病が流行しても無事で済む可能性が高いが、新しく生まれた若年の世代は免疫をもっているものが皆無なので、大流行の時に罹患しやすく、そのために命を落とす危険性も高いからである。

実際の例として、延暦《えんりゃく》九年（七九〇）の疱瘡《ほうそう》（天然痘とみられる）流行が挙げられる。この時には、京や畿内《きない》で三〇歳以下のものが男女問わず多く病臥《びょうが》し、症状の重いものは死んでいったと伝えられる（『続日本紀《しょくにほんぎ》』延暦九年是年条）。平安時代中期の天暦《てんりゃく》元年（九四七）にも、延喜《えんぎ》一五年（九一五）以来の疱瘡流行により三〇歳以下の男女が小瘡《しょうそう》を煩っている（『日本紀略《にほんきりゃく》』天暦元年八月一五日丙申条）。

疱瘡の流行はおおむね三〇年周期で繰り返された。この三〇年周期というのは、ちょうど世代が一代分交代する周期に相当する。古代の人々は、現代人よりもずっと早くに結婚して子どもを産むので、世代交代のサイクルももっと早いのでは？と鋭い疑問をおもちになるかもしれないが、八世紀の戸籍を確認すると、意外なことに、親と長子の年齢差は平均して三〇歳程度なのである。多産多死《たさんたし》の時代なので、早くに生まれた子どもが無事に成長するとは限らなかった。この過酷な現実が、この年齢差にも反映しているのだろう。

その過酷な現実の一角を担う疫病だが、古代の疫病は夏を中心として春から秋にかけての流行が顕著である。この季節性にはさまざまな意味があるので、のちほど詳しくみていきたいが、夏の流行が多いということは、消化器系の疾患が多いということも意味している。消化器系疾患は相対的に体が小さい子どもにとって致死的になりやすく、若年層の致死率を引き上げる作用もあっただろう。赤痢《せきり》を患った一〇歳以下の男女児が大勢死亡したという記録も残っている（『日本三代実録《にほんさんだいじつろく》』貞観《じょうがん》三年八月是月条）。

蘇民将来の伝承は、こうした古代の疫病の性質をふまえると、合理的に解釈しやすい。この伝承については、その成立過程や本文解釈をめぐってさまざまな議論もなされている（水口幹記「蘇民将来伝承の成立―『備後国風土記』逸文考―」『シリーズ日本文学の展望を拓く

③　宗教文芸の言説と環境』笠間書院、二〇一七年）ので、あまり合理的な解釈に拘泥《こうでい》するのも伝承分析の方法として賛否あろうかとは思うが、古代の疫病の構造を端的に伝えてくれる言説として紹介しておきたい。

図1　現代の蘇民将来札

出土した蘇民将来札

蘇民将来の子孫であれば、疫病から逃れることができる。そんな祈りを込めて、現代日本でも作り伝えられているのが「蘇民将来札」である（図1）。この蘇民将来札、八世紀の末にはすでに日本国内で使用されていたことが出土遺物により確認されている。長岡京《ながおかきょう》の右京《うきょう》の範囲にあたる場所から、「蘇民将来之《の》子孫者」という文字の書かれた木簡《もっかん》（文字の記載のある木の札を特に木簡と呼ぶ）が出土し、「最古級の蘇民将来札」として一躍有名になった（図2）。一緒に出土した木簡には、延暦八年（七八九）〜一

図2　蘇民将来木簡（長岡京市教育委員会提供）

一年の年紀が記されているので、まさに長岡京に都が置かれていた時代（七八四〜七九四）のものであるとみられている。

この長岡京出土の蘇民将来札は、二七ミリ×一三ミリという小ささであり、文面も「蘇民将来の子孫の者」本人である、といっているので、持ち主が身に付けていたのだろうと推定されている。小さな穴があいているので、ここに紐でも通してぶら下げていたのだろう（中島皆夫「京都・長岡京跡⑵」『木簡研究』二三、二〇〇一年）。もしかすると、『備後国風土記』の伝承と同じように茅輪を腰につけ、それと一緒にこの札も下げていたのかもしれない。

一方、現代の蘇民将来札は、古代のものに比べるとやや大振りで、用途としては門前などに飾っておくのが一般的であり、文面も「蘇民将来子孫家」などと記されていることが多い。「門」の文字を図案化して文様のように構えているものも少なくない。中世の遺跡から出土する蘇民将来札も、「家」や「門」という文言がみえるので、門口《かどぐち》への設置を前提としているようだ。防疫の単位として重視されるものが個人から家へと変化していくという歴史の流れを象徴しているようで興味深い。

多くの人々が疫病によって無差別に死んでいくなか、蘇民将来の娘のように、奇跡的に助かる人々がいる。防疫の手段が限られる古代にあっては、その奇跡は畢竟《ひっきょう》、偶然でしかないともいえるが、人々はみずからの手で奇跡をたぐり寄せようと、蘇民将来の伝承にちなんだ札に祈ったのだろう。防疫の知識がはるかに豊富な現代でさえ、感染の有無は偶然に大きく左右される。

それでも、人事を尽くすことがいかに重要であるかを、二〇二〇年に発生した新型コロナウイルス感染症の流行下において、世界は体験した。各国ごと、地域ごとに被害の様相はまったく異なっており、政治・制度のあり方が疫病の動態に影響を与えるという事実は否定しがたい。また、社会的・文化的差異が疫病の動態と関わるのではないか、という言説も今般多くみられた。そのなかには科学的根拠が薄弱なものも少なくないため、個別の検証を要するが、社会の在り方やその変化が、疫病の動きと連動し合う現象は、歴史的にも確認できる事実である。

疫病は一種の自然現象には違いないが、単なる天災ではなく、人間社会と密接に関わり合う人災としての側面を強くもっている。疫病は社会を映す鏡であるとすらいえるかもしれない。

疫病史観で終わらない疫病史のために

本書が疫病観察のフィールドとして設定した舞台は日本の古代である。当時の疫病の猛威は、現代日本の比ではなく、惨憺《さんたん》たる結果をもたらすことも少なくなかった。ただし本書では、古代の人々が疫病でいかに苦しんだか、疫病がいかに恐ろしいものだったか、そしてどれほどのインパクトを政治や社会にもたらしたか、という点を強調することを主たる目的とはしていない。もちろん、行論の都合上、そうした歴史的事実に触れることも再三あると思うが、本書のねらいは別にある。

まず、疫病の歴史を考えるうえで、乗り越えなければならない問題点として、「疫病史観」という言葉がある。極端にいうと、歴史の変化を何でもかんでも疫病で説明しようとする歴史観のことで、こういう説明の仕方を非難するために使われる言葉である。疫病が歴史上、政治・社会に大きなインパクトを与えてきたのは事実なのだから、事実は事実として認めておけばよいではないか、という考え方も可能だが、疫病の脅威を強調するだけでは、疫病はいつまでも、人間の社会を何の前触れもなく破壊する未知数Xでしかいられない。これが数学なら未知数は未知数のままでもよいけれど、歴史学においては、多様な歴史上の挫折的現象に対し、「疫病」を簡単に（都合よく）代入するだけで証明終わりとして片付けてしまってよいのだろうか。「疫病史観」という言葉の向こうには、こうした危惧が見え隠れする。

疫病は人災だと先に述べた。人災なのであれば、疫病もまた、人間社会から歴史的影響を被り、さまざまな限定をかけられながら変化する存在であるはずである。この見通しに則って疫病を見直せば、疫病を未知数から個別具体的な「定数」へ変化させることも可能ではないのか。世界史、そして日本でも近現代史の分野では特に、疫病と時代相の相互規定性（お互いに影響を与え合い、相手の在り方を決定する性質）に着目する優れた研究がすでに蓄積されている。

こうした次第で、本書では、日本古代の疫病が、その時代相との連関のなかで、どのように発生し、対処され、そして変化していったのかをみていきたいと思う。この疫病分析は、日本古代の社会がどのような社会だったのかを探究する手段ともなるだろう。

疫病へのまなざしと二つの大疫病

疫病という概念

疫病とは何か

さて、そもそも疫病とは何だろうか。冒頭からわかりきったことを問うようで恐縮だが、ちょっとお付き合いいただきたい。古代と現代とでは、いろいろと前提条件が違うので、まずはそのところを確認しておきたいのである。

疫病は、現代において感染症と呼ばれているものと一般的には同一視されている。『日本国語大辞典』（小学館）を繙《ひもと》けば、感染症は「病原微生物が人体に侵入・増殖することによって起こる病気」と定義されている。したがって、風邪はもちろん、食中毒も感染症に含まれる。食中毒が感染症だと言われると、少し違和感があるかもしれないが、「病原体」という概念が確立している現代ならではの明快な定義であろう。つまり、現代の感染症の定義は「病原体」という原因にもとづくものであり、この原因論に則って我々は感染症という概念を認知しているのである。

一方、古代には、ウイルスはもちろん細菌の存在も認知されていないから、病原体の関与の有無は、疫病の定義に関わってこない。病原体に感染するという現象自体は人類発祥よりも古くから存在する普遍的なものだが、その現象に対する人間の認知は歴史的、つまり時代によって変化するわけである。

では、古代における疫病の原因はどのように説明されていたのだろうか。特に古くから確認できるのは、神が疫病を起こすという説明である。人間が神の望むマツリをしない時、機嫌を損ねた神が疫病を起こすと考えられていた。本書冒頭で挙げたスサノオも、自分に対してしかるべき饗応をしてくれなかったものをその地域丸ごと滅ぼしている。

『日本書紀《にほんしょき》』では、崇神天皇《すじんてんのう》という伝説的な天皇の時代に疫病が大流行し、国土の住人半数以上が死ぬほどの惨状だったと伝えられる。そこで、ヤオヨロズの神々に問うたところ、大物主神《おおものぬしのかみ》という神が応えて、「心配はいらない。私を祭れば災いはやむであろう」という。そこで、この神の言うとおりに祭祀をしたが一向に効験がない。困った崇神天皇が、身を清めて再び神の意図を問うたところ、「もう心配はいらない。災害が収まらないのは私の意思だ。私の子である大田田根子《おおたたねこ》に私を祭らせればよい」との夢告があった。自分の意思で災害を起こしておきながらもう心配するなという大物主神の台詞《せりふ》は随分な物言いにもみえるが、無数に存在する神々のなかから、疫災を起こしている神を特定し、またその神を満足させるマツリを実施することに成功するまでの道のりが、なかなかに困難であると考えられていたことを示している。

疫病の原因いろいろ

『日本書紀』は西暦七二〇年の成立なので、どれほど遅くともこのころには疫病発生の原因を神の祟《たた》りとみる考え方が定着していたということになる。これに加えて、「気」というものが病を発生させるという考え方も広まっていった。

平安時代の初めに成立した仏教説話集『日本霊異記《にほんりょういき》』では、聖武天皇（在位七二四〜七四九年）の治世の出来事として、閻羅王《えんらおう》の使いの鬼が、鬼である自分の気に当てられると病になるから近付くなと語る場面がある（中巻第二四縁）。また、謀反《むほん》の嫌疑をかけられて神亀《じんき》六年（七二九）に自殺に追い込まれた長屋王《ながやおう》という人物がいるが、『日本霊異記』は、長屋王の遺骸を土佐国《とさのくに》に流したところ、その国では彼の気により多くの死者が出たと伝えている（中巻第一縁）。気が広く拡散すればそれは疫病となった。

地獄からの鬼と恨みを含んで死んだ霊とは、一見似ているようでいながら、両者の階梯《かいてい》を合理的に説明することは困難である。ただ、道饗祭《みちあえのまつり》という祭があって、この祭は毎年六月と一二月に恒例として実施することになっている（神祇令《じんぎりょう》）ほか、天平《てんぴょう》の大疫病が発生した時にも臨時で実施が命じられており、疫病を防ぐための祭と観念されていたようなのだが、この祭の時に読まれる祝詞《のりと》によると、「根《ね》の国底《そこ》つ国より麁《あら》び疎《うと》び来たらんモノ」を防ぐことが目的とされていた（『延喜式《えんぎしき》』神祇巻八）。連想の域を出ないような大雑把な捉え方となるが、冥界《めいかい》からもたらされる気が病、ひいては疫病の原因として恐れられていたことは確認できる。鬼が疫病を起こすという考え方は、後漢《ごかん》末に成立した中国の辞書『釈名《しゃくみょう》』にもすでに確認できるので、外来思想の影響も想定しておく必要があるだろう。

さらに、長屋王を一つの画期として、恨みをもって死んだ貴人が祟って疫病を起こすという「御霊《ごりょう》」の考え方ものちに定着していく。神の祟りという原因論と、冥界からのよからぬ気という原因論が習合して生まれた原因論といえそうである。また、疫病をもたらす機能のみをもつ特殊化した神「疫神《えきじん》」も、八世紀後半には祭祀の対象となっていく。疫神については、疫病をもたらす気を概念化した神であるとの説明がなされている（山田雄

司「御霊会成立の前提条件」大山喬平教授退官記念会編『日本社会の史的構造　古代・中世』思文閣出版、一九九七年）。

一方、中国医学には「時気《じき》」という概念が存在し、この概念は「医疾令《いしつりょう》」という医療制度にかかる律令条文をとおして日本にも移入されていた。時気とは「時行《じぎょう》の病」であり、「疫癘《えきれい》」ともいうと説明されている（『政事要略《せいじようりゃく》』九五所引『令義解《りょうのぎげ》』医疾令逸文）。具体的には、春は暖かいはずなのに寒かったり、夏は暑いはずなのに涼しかったり、秋は涼しいはずなのに暑かったり、冬は寒いはずなのに暖かかったりといった、各季節に合わない気候に見舞われた場合、年齢の長幼に関わりなく、似た症状の病が流行するのだという。気候不順による気の乱れも疫病の原因と考えられていた。

ここでいう「気」は、先にみた冥界からの気とはかなり性格を異にしている。ただ、平安時代になると疫病一般を「時行」と呼ぶ傾向が強まるので、言葉の表現上、定着していくようである。なお、西洋の疫病原因論でも、細菌感染を想定する説と並んで、瘴気《しょうき》（ミアスマ）が疫病を発生させるという考え方があった。疫病発生の経路は中間宿主の有無などを含めて多様であるなか、「気」という目に見えないものに疫病の原因を求めようとする考え方は、洋の東西を問わず、発生するものらしい。

疫病の語釈と定義

古代の語釈も確認しておこう。『一切経音義《いっさいきょうおんぎ》』という経典の逐語的注釈書がある。唐朝《とうちょう》初期の玄応《げんのう》という人物が編纂したものだが、その巻二一「大乗十輪経《だいじょうじゅうりんきょう》（玄奘《げんじょう》訳大乗大集地蔵十輪経）」第一巻に出てくる「疫癘」という語に対しては、「人の病、相《あ》い注《ちゅう》する、疫癘と曰《い》う」とある。「注」とはくっつくという意味なので、疫癘とは人の間で互いにくっつき合う病、つまり感染性のある病と理解されている。この『一切経音義』は奈良時代にはすでに日本にもたらされていた。時代が下って一〇世紀に成立した『和名類聚抄《わみょうるいじゅしょう》』という辞書では、「疫」という語に対して、「民、皆病するなり」と中国の辞書『説文解字《せつもんかいじ》』に則った解釈が施されているほか、「エヤミ」あるいは「トキノケ（＝時気）」と読まれていたことが確認できる。

一方、『令集解《りょうのしゅうげ》』という史料中にも「疫」の語釈が確認できる。『令集解』は辞書ではなく、養老令《ようろうりょう》という法律（養老年間〈七一七～七二四〉に編纂）の注釈書集である。奈良時代から平安時代にかけての時代に活躍した法律家たちの見解が集められており、九世紀半ばに成立した。当時の法律家の一人であった阿刀氏某《あとしのなにがし》は疫の定義についてこのように解釈している（『令集解』公式令《くしきりょう》50国有瑞条）。

疫とは、謂《いうこころ》は、国内の疾人《やまいのひと》を勘計《かんけい》して、常年《つねのとし》に異ならば、馳駅《ちやく》するのみ。

〔〈律令の規定では、各国に疫が発生したら早馬《はやうま》で報告するように定められているが、〉ここでいう疫とは、国内の病人を数えて、例年より多いという状況を指す。この場合には早馬で報告するのである。〕

例年より病人が多ければ、それは疫病である。簡潔だが、疑問も残る定義である。というのも、判断の基準になるはずの「例年の病人の数」をカウントしておく制度など当時には存在しないからである。現代ですら、特に指定された感染症でなければ、たとえそれが死をもたらしうる病気であっても全数把握などしない。そして古代には、疫病か否か感知するための検査がそもそも存在しなかった。

また、『令集解』は辞書ではなく、法律の注釈書であるから、法律に則した解釈しか施されない。早馬を出して中央政府に報告すべき状況なのか否か、その判断を下す基準についての解釈としては明解でも、現実に即した説明となっているか、やや心許ない。

当時の人々にとって、疫病とはどのようなものであったか、定義を明解に伝えてくれる史料はなかなかない。原因論そのものが諸説併存しつつ習合を繰り返して揺らいでいるのだから致し方ないのかもしれない。ただ、平安時代中期のことであるが、『小右記《しょうゆうき》』という日記を残した藤原実資《ふじわらのさねすけ》は、その日記中で、長和《ちょうわ》四年（一〇一五）に路頭に多くの死骸が置かれていた様子から疫病の到来を描写し（四月一九日条）、また疫病が終息してきた時には、その根拠として路頭で死骸を見ないことを挙げている（七月一四日条）。京においては、路《みち》に連々と横たわる死骸が、疫病到来を感知する一つの指標となっていた。京ほど人口が集中していない地方では、光景はやや違っていたかもしれないが、それでも似た症状を呈して次々と倒れていく人々という眼前の現実こそ、当時の人々にとっての疫病であったのだろう。

歴史に残る疫病

古代の歴史書を繙くと、膨大な疫病の記事に出会う。では、古代の歴史書から疫病に関する記事をすべて抜き出せば、古代の疫病の動向をすべて把握することができるのだろうか。残念ながら、そう簡単にはいかない。なぜなら、古代の歴史書は疫病が発生した事実そのものを個別に記録しようとはしていないからである。例年とは比べものにならないような大疫病が発生した時には、その年の記事の最後に、どのような疫病であったか総括的に記述することはある。たとえば、天平九年の疫病が発生した時には、このような記述がなされた。

春、疫瘡《えきそう》大いに発《おこ》る。初め筑紫《つくし》より来たれり。夏を経て秋に渉《わた》る。公卿《くぎょう》以下、天下百姓《ひゃくせい》、相継《あいつ》ぎて没死《ぼっし》すること勝《あ》げて計《かぞ》うべからず。近代以来、未《いま》だ之《これ》有《あ》らざるなり。

（春に瘡《かさ》をともなう疫病が大発生した。初めは九州北部からやってきて、夏から秋まで収束しなかった。公卿から全国の庶民にいたるまで、次々と死んでいき、死者の数は数えきれないほどであった。近代以来、未曽有の事態である。）

ここでいう「近代」がいつの時代を指すのかは詳《つまび》らかにしえない。自分たちの属する一つながりの時代として観念されていた時間幅を指しているのであろうから、現代の我々が「戦後最大」とか「観測史上最高」などと評するのに近い表現であろうか。それはともかくとして、疫病の発生そのものを伝える記録が歴史書に残されるのはこのように特筆すべきような大流行に限定される。

それでは、古代の歴史書に疫病の記事が残されるのは一般的にどんな時なのかというと、疫病に対する何らかの措置がとられた時である。たとえば文武《もんむ》天皇二年（六九八）三月丁卯《ひのとう》条には「越後国《えちごのくに》が疫病の発生を報告してきた。医薬《いやく》を給《きゅう》して（医師の派遣と薬の支給をして）救援した」（『続日本紀《しょくにほんぎ》』）という記事がみえる。三月丁卯はここでは三月七日を指すが、この日に起こった事実は医薬の支給という疫病対策である。越後国からの疫病報告はおそらくこれより数日前のことであろうが、この報告の事実が歴史書に独立して記されることはない。

また、大同《だいどう》三年（八〇八）に調《ちょう》という租税が免除され、その免除理由は全国から飢饉《ききん》と疫病の発生が報告されたためという（『日本後紀《にほんこうき》』大同三年五月辛卯条）が、この記事の前後には、諸国から疫病発生が報告されたという個別の記事は確認できない。やはり疫病への対策（ここでは調の免除）がなされて初めて疫病発生の事実は歴史書に残される。報告があったものの対策をとるにはいたらなかった疫病や、そもそも報告されなかった疫病もあるだろう。実際に発生した疫病は、現代の我々が歴史書によって検知することができる件数よりもずっと多かったと考えられる。

疫病報告制度

こうした疫病発生の報告は、各国を監督する国司《こくし》が、中央まで早馬で知らせるものと養老令に定められていた（公式令50国有瑞条）。また、七世紀末の文武天皇の時代にはすでに、諸国の疫病発生とこれにともなう疫病対策の記事が集中して確認できる（『続日本紀』）。おそらく、大宝《たいほう》元年（七〇一）に成立した大宝令《たいほうりょう》はもちろん、さらに古い飛鳥浄御原令《あすかきよみはらりょう》の時代においても、諸国から疫病を報告する制度が機能していたのだろう。また、対策空《むな》しく多くの死者が出てしまった場合、国司はこれを報告する義務もあった。

ただし、この報告制度の機動性に関しては、強い疑問も提示されている。疫病は早馬で報告されるべきものと定められているが、報告が迅速に行われていたことがわかる史料はほとんど軍事的危機に限定されており、疫病を含む災害に対しては、かなり緩慢にしか機能していなかった可能性が高い（渕原智幸「古代東北の自然災害・疾病―付．地方からの災害報告と中央の対応に関する小考察―」安田政彦〈編〉『生活と文化の歴史学8　自然災害と疾病』）。

天平九年（七三七）の大疫病に際しても、中央から各地へ通達された法令には、「四月以来、京や畿内《きない》で疫病に倒れるものが多いから、きっとそれ以外の地方でもこの疫病が流行しているだろう」との文言がみえる（『類聚符宣抄《るいじゅふせんしょう》』巻三）。この法令が発令されたのは、天平九年の六月二六日であり、すでに全国的に大きな被害が出ていたであろう時期なのだが、政府はその状況を直接把握していたわけではなかったようなのである。

報告制度の後退

九世紀になると、今度は疫病の被害報告に虚偽が含まれているということで、これを糾弾する法令が出されるようになる。

仁寿《にんじゅ》四年（八五四）の法令（『類聚三代格《るいじゅさんだいきゃく》』巻七牧宰事、仁寿四年一〇月一日太政官符《だいじょうかんぷ》）では、「応《まさ》に実《じつ》によりて損并《なら》びに不堪佃田《ふかんでんでん》・疫死《えきし》百姓《ひゃくせい》・賑給《しんごう》飢民《きみん》、及び破損官舎堤防等を言上すべきの事」というタイトルの法令が出されている。これは災害により農作物が損なわれた田（損田《そんでん》）や、耕作不能の田（不堪佃田）の面積、疫病により死亡した人の人数や賑給の対象となった飢民の人数、それから破損した官舎や堤防などの破損状況を実態どおりに報告せよ、という意味で、国司がこれらの情報を中央へ報告する時に虚偽の報告をすることがあるとして罰則が定められた。同様の法令は、これより前の弘仁《こうにん》一〇年（八一九）にも出されているが、仁寿四年段階で問題視されていた諸項目のうち、「不堪佃田」と「疫死百姓」に該当する部分だけが見当たらない。どうやらこの三十数年の間に不堪佃田の面積と疫病による死者の報告数値が実態と合わなくなっていったらしい。

さらに下って貞観《じょうがん》六年（八六四）になると、「今、疫死百姓、国の申さざる無し」、つまりどの国も疫死の発生を報告してくるという状態に陥っていた（『日本三代実録《にほんさんだいじつろく》』貞観六年正月二五日壬子条）。実際に当時は疫病が頻発していたらしいが、政府としては虚偽申告も疑っているのだろう。この時、特に問題視されていたのは、租税負担者である課丁《かてい》（成年に達した男子）の死亡であった。課丁の減少は租税の減収に直結するから、政府としては切実な問題だったのである。

こうした事態に対し、政府も手を拱《こまね》いていたわけではない。国司の報告が実態に合っているかどうか、確認するための使者を派遣する制度が存在していた。疫病による死亡者の数を確認するため諸国に派遣される使者は「検疫死使《けんえきしし》（疫病による死亡者数を検査する使者の意）」と呼ばれる。

検疫死使が正常に機能していれば、たとえ国司が不正な報告をしていたとしても、これを矯正することができたはずであるし、後で厳しい監査が入るとなれば、そもそもの不正を未然に防ぐこともできただろう。ところが、この検疫死使の派遣も九世紀後葉には実態を失っていく。

先に挙げた仁寿四年の法令では、冒頭で「この頃の国司たちは疫死者などについて実数を報告せず、みだりに過大な数値を報告している」と指摘していながら、これに続いて引用される勅《ちょく》（天皇の指示）には次のような内容が綴られている。「国司の最上席には清廉な政治をしてくれる適任者を官長として選んでいるのだから、そのうえに使者を派遣して監査するというのは、屋上屋を架すようなもので実に煩わしい。官長が自ら現地を巡って確認し、報告すればよいのである。報告が明らかに過大で疑わしく、ほかに方法がないという時に限り、監査の使者を派遣しなさい」。

国司の報告がしばしば過大であるという現状認識が示されていながら、そう書いた筆も乾かぬうちに、官長なら適任者だから彼に任せておけば監査しなくてもよいというのである。

当時の政府は、官長と呼ばれる国司のトップに地方統治を委《ゆだ》ねきり、中央への税収さえ確保されていれば基本的に諸国に介入しないという方向へ政策基調を転換しつつあった。こうして、国司の不正報告を監査する使者の制度も著しく退転していったのである（市大樹「朝使派遣の構造と展開」同『日本古代都鄙間交通の研究』塙書房、二〇一七年）。

疫病観測手段の変化

こうして、九世紀半ば以降、中央政府では地方の疫病を把握する術《すべ》がかなり限定されていくことになる。中央政府が疫病を把握しきれていないということは、地方の疫病発生に関する史料がほとんど残らなくなるということでもある。したがって、列島全体の疫病の動向にかかる情報は、相対的に限定されざるをえない。

その一方で、平安時代も半ばの一〇世紀後葉になると貴族の日記が多く残されるようになってくる。彼らの生活圏がほとんど京とその周辺に限定されるため、地方の疫病の情報は断片的だが、日記に残された彼らの体験や思いは、疫病と向き合った人々の肉声を現代に伝えてくれる。

九世紀以前と一〇世紀以降とで、史料の残り方が変わってくるということは、疫病の観測手段も変化するということであるから、そこに浮かび上がってくる疫病の姿も、それぞれの観測手段に応じた異なるフィルターを被っているだろう。こうした違いがあることもふまえたうえで、古代の疫病の動態に迫ってみたい。

奈良時代の大疫病

未曽有の事態

古代には時々、凄まじい疫病が発生する。たとえば、天平七年（七三五）と同九年、のちに「近代以来、未《いま》だ之《これ》有《あ》らざる」災害、つまり未曽有の災害と称される疫病が発生した。おそらく、日本古代史上最も知名度が高い「天平の疫病」である。そう言われてもピンと来ない、という方でも、藤原四兄弟を全滅させた疫病である、といえばイメージの浮かぶ方もおいでではないだろうか。

この疫病が残した歴史的インパクトはかなり大きく、いきなり疫病史観のような話になりそうだと危ぶまれようが、最初にお断りしておきたいのは、この疫病は「未曽有」、つまり、かなり特殊なケースであるということだ。この疫病の被害があまりに凄まじかったので、この疫病の発生以降には、新たに疫病が発生するたび、人々はよくこの疫病を想起した。その時代を生きた人々の記憶に強烈な爪痕を残しただけでなく、その後の歴史にまで刻み込まれた疫病なのである。こうして日本古代の疫病史において代表格ともいうべき地位を築いているが、これを日本古代の疫病の典型だと考えてしまうと事実を見誤る。

それでもさすがは代表格というべきか、史料はほかの疫病に比べると豊富に残っているので、かなり解像度の高い疫病の姿をお伝えすることができる。それに、特殊ケースは特殊ケースなりに、一定の類型化も実は可能だと考えている。ただの例外として片付けず、その特殊性をふまえたうえで、歴史的な位置づけを探っていきたい。

疫病の正体

さて、この疫病の正体は、天然痘《てんねんとう》だと一般に考えられている。「一般に考えられている」と歯切れの悪い言い方をしたのは、古代の病名を特定するのがかなりの困難をともなうからだ。当時の歴史書によると、天平七年に流行した疫病は「豌豆瘡《わんずかさ》」、別名「裳瘡《もがさ》」であったという（『続日本紀』）。これは一般的に天然痘を指す病名である。

ところが、別の史料では、病名は「赤班瘡《せきはんそう》」だとある（『類聚符宣抄』天平九年六月二六日太政官符）。これは一般的に麻疹《ましん》《はしか》を指す病名である。こちらの史料には、病状と対策の詳しい記述もあるので覗いてみよう。

・発病時はマラリアのような高熱で、三〜四日、あるいは五〜六日間病臥する。

・その後、発疹が生じて、また三〜四日間高熱に苦しむことになる。この時に患者はひどく冷水を欲しがるが、決して与えてはならない。

・発疹が治まって、熱も下がってくるころに、今度は下痢症状があらわれる。悪化して血便になることもある。そのほかの合併症状として、咳《せき》、嘔吐《おうと》、吐血、鼻血があらわれることもあるが、下痢が最も緊急の措置を要する症状である。

以上の記述や当時の医学書の分析により、病名は天平七年・九年いずれも天然痘とみるのが通説である。ただし、天平七年は天然痘で、同九年は麻疹だとする折衷《せっちゅう》説もあった。この折衷説の根拠は、天平七年と九年とで、疫病の名称が異なっているから、だけではない。折衷説は、天平七年の疫病に比べて、九年の疫病の方が大きな被害をもたらした点を重視した。仮に両者が同じ疫病だとすれば、免疫のある人間が少ない状態で発生した七年の疫病より、免疫のある人間が一定数いる九年の疫病の方が、被害が小さくなるはずではないか。したがって、両者は別の疫病である、という論法で組み立てられた説だったのである。

もっとも、同一の疫病が小康期を挟んで複数回流行する場合、第一波よりも第二波以降の方が大きな被害をもたらす、ということは往々にしてある。二〇世紀の第一次世界大戦時に大流行したいわゆる「スペイン風邪」でもこうした現象は確認されている。二〇二〇年以降、世界に甚大な影響を与えた新型コロナウイルス感染症流行の際にも、流行の激しさには波があり、日本では流行開始当初の二〇二〇年や翌二一年の波よりも二〇二二年の波の方が確認された感染者数ははるかに多かった。これはウイルスの変異によって引き起こされることが多い現象である。

こうした事実に鑑《かんが》みれば、天平七年と同九年は同じ疫病で、前者が第一波、後者が第二波とみて矛盾はしない。本書では、天平七年・同九年の疫病は一連の流行として取り扱うこととしたい。

しかしながら、病名に関しては、「天然痘とみられる」疫病という表現にとどめざるをえない。現代の疫病名は病原に応じた分類だから、病名は究極的には病原の確認によってしか確定できない。中世ヨーロッパの疫病研究では、当時の墓所から掘り出した遺体からペスト菌などの病原を検出して死因を特定することができる場合もあるという。しかし、日本の風土ではそのようなサンプルが現代まで残されている可能性はかなり低いし、少なくとも今のところ、古代のものは見つかっていない。

病原のサンプルから直接特定することができない場合は、当時の史料に記された症状を分析するという方法がとりうる。医学史の分野では、医学的見地から精緻な症状分析が行われ（たとえば服部敏良『王朝貴族の病状診断』は著名）、現在の我々も大いに恩恵を受けている。

ただし、細菌やウイルスは変異するから、同種であったとしても現代と同じ症状を引き起こすとは限らないし、仮に同じ症状を引き起こしうる細菌・ウイルスだったとしても、罹患者の身体条件次第で、発症の在り方が変わることも珍しくない。医学知識をもたないものが気軽にとれる方法ではない。ただ、当時の疫病がどのような症状を呈するものであったか知ることができるだけで十分、と満足しておくこととしよう。古代の疫病で、症状までわかっている事例は、意外に少ない。

天平七年の疫病流行

天平の疫病発生の第一報は、天平七年八月、大宰府《だざいふ》から届いた。近ごろ大宰府で疫病により死亡するものが多いという。大宰府というのは狭義には現在の九州地方一帯を治めていた行政機関のことであるが、ここでは大宰府が管轄している地域つまり九州一帯を指す。この報を受け、奉幣《ほうべい》（神々に幣を奉《たてまつ》って

図３　大宰府政庁跡（太宰府市日本遺産活性化協議会提供）

祈ること）や読経《どきょう》、賑給（身寄りのない人など、救済を必要とする人々に対して食料を支給すること）や薬の支給が行われている。

さらに、「長門以還《ながといかん》」の諸国において、国司の守《かみ》（長官）または介《すけ》（次官）が、道《みち》饗祭《あえのまつり》を実施するように命令が出された。道饗祭というのは、前述のように、例年であれば六月と一二月の年二回行われる祭りである。都城《とじょう》の四隅の大路上において、神祇官《じんぎかん》の職員である卜部《うらべ》たちが、「鬼魅《きみ》」の侵入を防ぐべく、「鬼魅」たちを出迎え、饗宴で接待して帰ってもらうというものだった（『令集解』神祇令）。

この道饗祭が、天平七年には長門以還で実施された。長門以還というのは、長門国

（現在の山口県西部）よりこちら側、という意味なので、この命令が発令された平城京《へいじょうきょう》と長門国の間にある諸国で道饗祭を実施し、京の方に疫病がやってこないように防ごうとしたということである。この時点では、疫病はまだ大宰府膝下《しっか》に囲い込まれていた、と推定することができる。

ところが九月になると、突如、新田部親王《にいたべしんのう》が死亡する。次いで一一月には、賀茂比売《かものひめ》と舎人《とねり》親王が相次いで亡くなった。そして閏《うるう》一一月には高田王《たかだおう》の死亡が記録されることになる。彼らが疫病による病死だったのか否か、史料には明記されていない。しかし、わずか四ヶ月の間に四人もの貴族の死亡記事が並ぶのは異常事態である。歴史書によると、この年には「天下」に疫病が広がったという（『続日本紀』天平七年是歳条）。天平七年の疫病は、京にも爪痕を残したと考えてよいだろう。

この時死亡した人物四名のうち、賀茂比売は藤原不比等《ふじわらのふひと》との間に宮子《みやこ》という娘を産んだ女性である。宮子は時の天皇であった聖武《しょうむ》の母親であるから、つまり賀茂比売は時の天皇の外祖母ということになる。当時としては相当な高齢に達していたものと推定される。

高田王は史料にほとんど記録が残っておらず、その経歴としては、神亀元年（七二四）二月に、無位《むい》から一躍従四位下《じゅしいのげ》に叙されていることが確認できるだけである。養老令には、親王の嫡子《ちゃくし》には従四位下の位《くらい》を蔭位《おんい》として授ける、と規定されており（選叙令《せんじょりょう》35蔭皇親条）、当時の現行法である大宝令でも同様だったとすれば、高田王はいずれかの親王の嫡子にあたる人物だったということになる。蔭位を授けられる条件は、年齢が二一歳以上で、かつ数年朝廷《ちょうてい》で勤務していることであったから（選叙令34授位条）、彼は死亡当時、まだ三〇代前半であった。

そして残る新田部親王と舎人親王は、天武《てんむ》天皇の息子にあたる兄弟である。天武天皇には一〇人もの皇子《おうじ》がいたが、天平七年当時、政界に残っていたのはこの二人だけだった。一六年前の養老三年（七一九）、二人は当時まだ皇太子であった聖武天皇の後見役を託された。さらに翌四年には、舎人親王が知太政官事《ちだいじょうかんじ》、新田部親王は知五衛《ちごえい》及授刀舎人事《じゅうとうとねりじ》という要職に同時に任じられている。これはその前日に亡くなった藤原不比等の後任人事ともいうべきものだった。不比等は聖武天皇の外祖父で、最も有力な後ろ盾であったから、その欠を埋めて聖武を支えるべく期待されていたのである。

舎人も新田部も、天平七年ごろには政界で主体的に目立つ行動を取っていた様子は確認できない。それでも、両親王は当時の皇族《こうぞく》のなかでやはり突出した存在だった。聖武はその後、男子の後継者を得ることはなく、女子である孝謙《こうけん》天皇が跡を継いで即位するが、天《てん》平勝宝《ぴょうしょうほう》八歳（七五六）、聖武は死に際して、新田部親王の息子である道祖王《ふなどおう》を孝謙の後継者に指名している。また、翌年に道祖王が皇太子の地位を追われると、次なる後継者を決定する会議の席上で、孝謙天皇は「宗室《そうしつ》の中、舎人・新田部の両親王は、これもっとも長なり」と発言し、両親王の息子たちのなかから後継者を選ぼうとしている。そして、舎人親王の息子である大炊王《おおいおう》（のちの淳仁天皇）が選ばれた。舎人・新田部両親王の血統を皇位継承に特に近い血筋と見なす考え方が、当時一定の説得力をもっていたのである。

この二人が死亡したことで、天武天皇二世の世代は政界から完全に姿を消した。当時の人々にとって二人の死は、一つの時代の終わりを感じさせるものだっただろう。しかし、疫病による被害はまだ序曲に過ぎなかった。

一時的な収束

舎人・新田部親王らが死亡した翌年の天平八年（七三六）には、疫病はいったん収束したらしい。この年は、疫病関連史料がほとんど途絶えている。わずかに、大宰府は去冬の疫病の影響が残っているから田租《でんそ》（耕作している田の面積に応じて収穫物の一部を納める税）を免除しよう、という天皇の命令が確認できるくらいであった。七月に、全国の病人に湯薬と食料を支給したという記事が確認できるが、これは元正太上天皇《げんしょうだじょう》の病に際して行われたものである。当時、有力者が病気になると、その平癒を祈って一種の慈善事業を行うことがよくあった。慈善事業を行って「徳を積む」ようにすれば、いいことが起こると考えられていた。慈善事業の具体的な内容は、大赦《たいしゃ》や賑給が一般的だが、徳を積む目的が病気平癒の場合は、薬の支給を行うこともあった。この年の湯薬支給もこうした慈善事業の一環であって、疫病とは関係のないものと推定される。

こうした天平八年の情勢下、どうやら政府は、疫病は完全に収束したと楽観視していたらしい。その一つの証拠として、この天平八年を境として、諸国で実施されていた出挙《すいこ》の制度に不思議な変化がみられる点が注目される。

出挙というのは、毎年春と夏にコメを貸し付け、秋になったら利子を付けて回収する経済活動のことである。貸し付けを行う時期は地域によって若干前後したであろうが、春と夏の二季に行うという方式は諸史料で一致している。茨城県の鹿の子《かこ》C遺跡から出土した漆紙文書《うるしがみもんじょ》にも出挙の実施時期を示すとみられる史料が含まれていた。この漆紙文書というのは、漆の樹液を入れた容器の蓋として利用された反故紙《ほごし》のことである。漆は武具の制作などさまざまに利用されるが、乾燥を防ぐために紙で蓋をすることがある。漆でコーティングされた紙は、地面に埋没しても腐らず、文字の墨痕を保存したまま残ることがあり、それが発掘調査で出土するのである。そしてこの史料によると、この地域では三月と五月に貸し付けを行っていた。

貸し付けを行う主体は、大きく分けて二種類存在した。第一に、政府関連機関が挙げられる。政府関連機関による出挙は公出挙《くすいこ》と呼ばれる。その利子は五割と法律で定められていた。地方行政機関である郡が、その上位機関である国の監督のもとに行う出挙は、列島

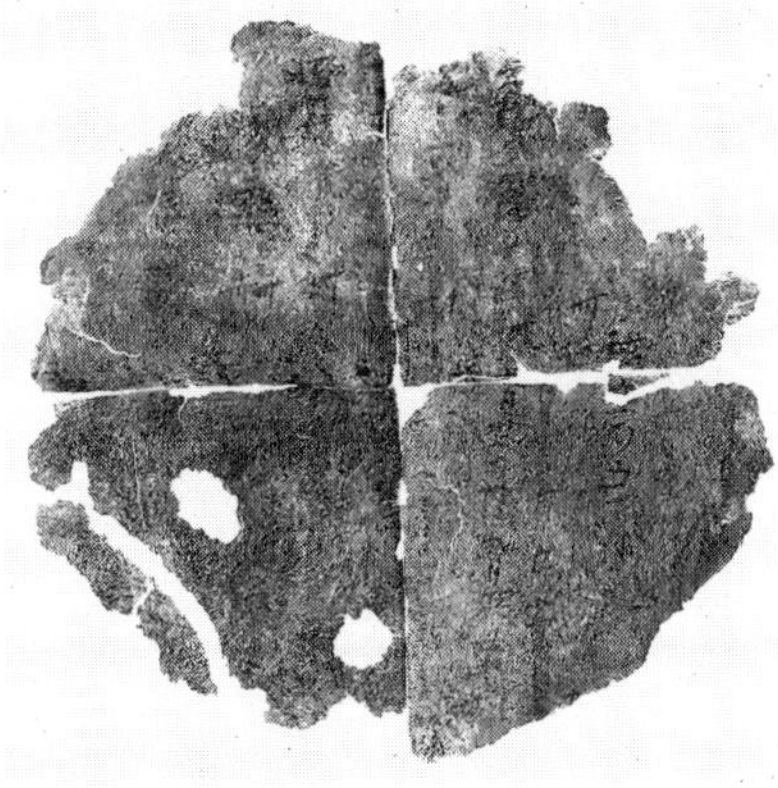

□□月十 □月○十
□女 三月○□ 五月○□ 「九月廿八日布一段」
□□□□〔人カ〕 「稲五百五十束」
九□
□マ広足 三月○「卌」 五月○廿 「 九月十二日卅 九月廿九日□□〔布カ〕
若桜マ尼□女 三月○「廿」 五月○廿 九月廿二日卅 九月廿八日一二段 」
刑マ三成女 三月○「十」 五月○十
刑マ直広足 三月○「卌」 五月 卅
刑マ綾万呂 □月○「廿」 五月○□〔十カ〕
刑マ広主 三月○「卌」 五月○卅
□□稲虫女 三月 五月 □□
□□ 三□ 五□○□
□□

図4　鹿の子C遺跡から出土した出挙関係の漆紙文書裏面（茨城県石岡市教育委員会提供，奈良文化財研究所中村一郎氏撮影）

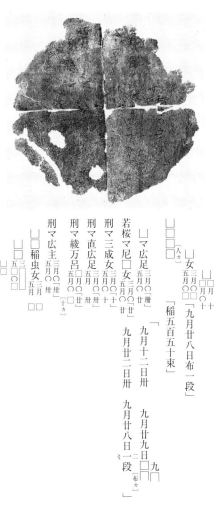

各地で広く実施されていた。第二に、政府機関とは関係なく富裕な人物が個人的に行う出挙もあり、これは私出挙《しすいこ》と呼ばれる。利子は一〇割までと決められていた（雑令《ぞうりょう》20以稲粟条）。たとえば一〇束《そく》（束は稲穂の計量単位で、一束＝一〇把《わ》。一把は片手でひとつかみ分）のコメを借りた場合、公出挙なら元本・利子あわせて一五束、私出挙なら二〇束を支払うということである。現代の金銭感覚からすると恐るべき高率の利子という印象を受けるが、コメという植物は、順調に生育しさえすれば、蒔《ま》いた種子の何倍もの収穫をもたらしてくれる。出挙とは、こうした植物の性質を生かした利殖活動といえる。また、収穫期である秋の稲は安く手に入るが、その後消費されていき、春や夏には高騰して手に入りにくくなる。貧しい人たちのなかには、冬の間にコメを食料として消費してしまい、種籾《たねもみ》に困ることすらあったようで、出挙にはこうした人々の救済としての側面もあった。

楽観と復興策

さて、人々はどのように出挙の貸し付けを受けていたのだろうか。天平一一年（七三九）の備中国大税負死亡人帳《びっちゅうのくにたいぜいふしぼうにんちょう》という帳簿があり、そこには、備中国の公出挙を受けた人の名前と、借りた稲の量が列記されている。一〇〇束という量をまとめて借りているものもいれば、一四束などキリの悪い量を遠慮がちに借りるものもいる。一人一人が受ける出挙の量に特に法則性はなく、キリの悪い半端な数値が目立つ。これは出挙の量が、当人の希望した量に則っていたことによるのだろう。当人の希望どおりの量を出挙する場合、その総額は半端な数値の足し合わせであるから、普通はキリのいい数値にならない。天平七年までの財政帳簿では、実際にそうだった。しかし、天平八年以降、諸国が出挙した稲の総量が、にわかにキリのいい数値に変化す

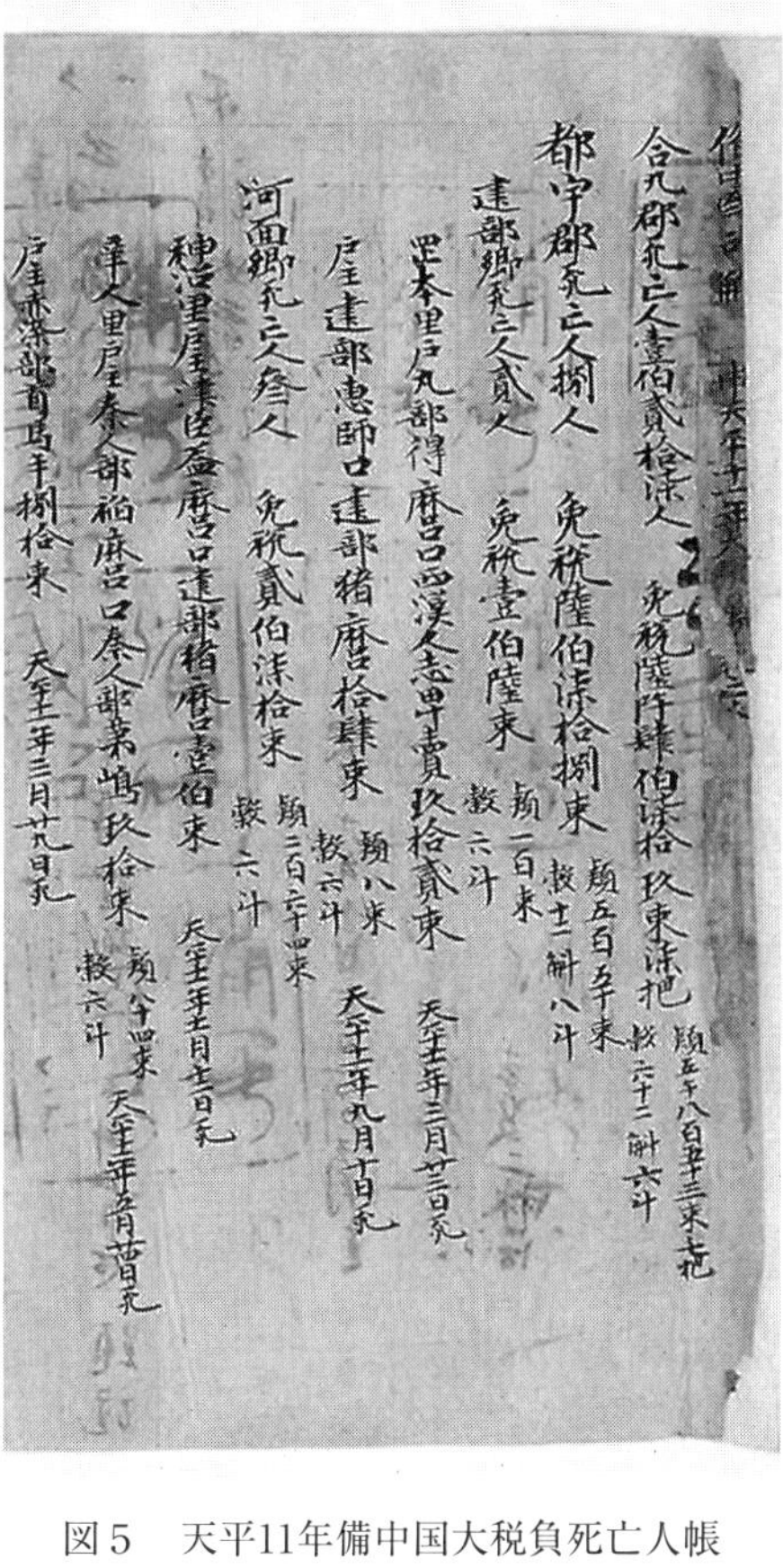
図５　天平11年備中国大税負死亡人帳
（正倉院宝物）

る。仮に、出挙を希望するものに対してのみ、その希望するだけの量を出挙していたのであれば、このような数値になるはずがない。公出挙を行う政府機関側が、一定の量を出挙することをあらかじめ計画し、時に強制をともないながら貸し付けたからこそ、出挙の総額はキリのいい数値になるのである（拙稿「律令国家と「天平の転換」―出挙制の展開を中心に―」『日本史研究』六五五、二〇一七年）。決められたノルマを達成できないようなら、希望した量への上乗せ、さらには出挙を希望していないものへの貸し付けまでせざるをえなくなる。

これは、公出挙のパラダイムシフトである。従来の出挙は、秋になって高額の利子を支払わなければならないものの、端境期《はざかいき》に困窮する人々にとってはありがたい側面もあっただろう。もちろん、貸し付けを行う側と受ける側の間には、構造的に仕組まれた支配関係が厳然と存在しており、出挙が支配する側による搾取《さくしゅ》であったという事実は動かない。それでも、特に公出挙は、私出挙に比べて税率も低く、人々の需要に応えるという側面をもっていたことは否定できない。ところが、天平八年以降の公出挙は、需要に応じて行うという建前をかなぐり捨て、政府の財源として明確に位置づけ直されるとともに、この財源を確保するための計画性・強制性を付与されるのである。

天平八年以前から、公出挙による収入はすでに莫大なものであったし、出挙による利息を当て込むことによって成り立つ会計が地方には無数にあったから、出挙の財源としての性格自体は別に目新しいものではない。問題は、出挙の収奪としての性格を、政府が隠そうともしなくなったことである。

もっとも、天平八年に出挙された稲の量は、後世の規定集である『弘仁式《こうにんしき》』や『延喜式』に定められている国別の論定出挙稲数（出挙することが義務づけられている稲の量）より少なく抑えられている。したがって、この時点の出挙は、天平七年の疫病によって被害を被り、出挙の円滑な実施が困難となった状況下で、最低限の出挙実施を確保させ、疫病後の財政を立て直そうとするものであったと評価できるだろう。

強制的な出挙は、出挙を受ける側にとっては負担以外の何者でもない。したがって、仮に政府が、今後も継続して大きな疫病の被害を受けると想定していたならば、まず実施には移さなかったであろう政策である。しかし、政府はこの天平八年という段階で公出挙制度の転換を断行した。政府が、甚大な疫病被害の再来を夢にも想定していなかった証《あかし》である。彼らは、疫病はすでに終わったものとして、その復興に乗り出そうとしていた。

二〇二〇年から世界中で猛威をふるった新型コロナウイルス感染症流行下でも、感染者数が少し下火になってくると、もう大丈夫なのではないかという楽観が広がりがちだった。さすがに第三波、第四波と経験すれば、その下火状態が一時的なものに過ぎないとわかりそうなものだ、と後世の人は首を傾げるかもしれないが、その楽観は筆者自身も経験したし、不思議な抗えなさにはみずから省《かえり》みて恐ろしく思うことも少なくない。まして、天平当時の人々が第二波を予想するのは不可能に近かったに違いない。何しろ、それは「未曽有」の災害だったのである。

行政の停滞

ただし、出挙した稲の総量がキリのいい数値になる現象については別の解釈も発表されている（福原栄太郎「再び天平九年の疫病流行とその影響について」橋本政良〈編〉『環境歴史学の視座』、仁藤敦史「天平期の疫病と風損―国家による対策と地域―」『静岡県地域史研究』一一、二〇二一年）ので紹介しておきたい。

別の解釈というのは、疫病の影響による行政の停滞を想定するものである。つまり、疫病によって地方行政も打撃を受けた結果、出挙にかかる計算などの手間が省かれ、このような「どんぶり勘定」のような帳簿が出来上がったという考え方である。

私は、こういう解釈はとっていない。出挙した稲の総量がキリのいい数値になる現象は、疫病が収束した天平一〇年や一一年にも継続して確認できるからである。したがって、私はこの現象を疫病による一時的措置ではないと考えている。また逆に、この疫病で大きな被害を受けていたはずの大宰府管内にある豊後《ぶんご》国に限って、例外的にキリのいい数値になっていない。一番どんぶり勘定を適用したいはずの国が、きちんと細かい数値を報告しているのである。この事実は、疫病の被害が大きい国では、強制的な出挙への移行が困難であったためと考えれば理解しやすい。

もちろん、この出挙の変化が疫病と無関係に発生したというわけではない。先に述べたとおり、疫病の影響がまだ強く残る状況下において、最低限の出挙を確保するためのものと考えるのが妥当だと思う。疫病被害により後退した地方財政を立て直すべく方策が練られるなか、財源としての出挙を確保すべく、出挙の強制性が強化されていったのだろう。ちなみに、出挙はこれ以降、より計画的運用財源という性格を強めていく。天平一一年の大税負死亡人帳では、まだ個々人が受ける出挙の量は半端な数値を保っているので、当人の希望する量に近づけようとしていた様子がうかがえるが、奈良末から平安初めころになると、それも一〇束単位でしか受けられなくなっていく（財団法人茨城県教育財団『鹿の子C遺跡漆紙文書―本文編―』一九八三年）。疫病はこうした変化を促すきっかけとなった。

疫病を理由とした地方行政の停滞という現象は、別のところで確かに発生していた。天平九年のことであるが、この年に発出された格《きゃく》（単行法令）によると、石見国《いわみ》（現在の島根県西部）では、疫病の影響で考文《こうもん》を中央政府へ提出することができなかったという（『令集解』選叙令9遷代条）。

考文というのは、律令官人《かんじん》たちの成績評価書である。官人たちは、毎年八月一日から翌年七月末日を一年度として成績評価を受ける決まりになっていた。成績評価の結果は考文にまとめられ、京と畿内の官司であれば一〇月一日、それ以外の諸国であれば一一月一日までに提出するよう定められていたのである（考課令《こうかりょう》1内外官条）。この成績評価を一定年数分（職務内容や時期によって異なり、四年ないし一二年）受けた官人は、その結果次第で昇進の機会を得ることができた。

つまり、考文は律令官人が昇進していくための基本資料となる文書であるから、疫病で混乱して提出できませんでした、で済ませられるものではない。しかし、天平九年の石見国は、一一月一日の締め切りまでに考文を提出することができなかったのである。この時には、成績評価が終わり次第提出するように、と指示が出された。

こういう事態は、二〇二〇年以来のコロナ禍を経験した人々には理解しやすいかもしれない。たとえば新型コロナウイルス感染症を理由として、確定申告の締め切り延長が認められていたことはご存知の方も多いだろう。

政府側の想定とは裏腹に、天平七年の疫病は第一波に過ぎなかった。天平九年には、前々年より強烈な第二波が襲いくるのである。

疫病の再来と遣新羅使

天平九年の疫病再流行の「先陣」は、こんな不気味な記事によって切られることとなった。

遣新羅使《けんしらぎし》大判官《だいはんがん》従六位上《じゅろくいのじょう》壬生使主《みぶのおみ》宇太麻呂《うだまろ》・少判官《しょうはんがん》正七位上《しょうしちいのじょう》大蔵忌寸《おおくらのいみき》麻呂《まろ》等、入京す。大使従五位下《じゅごいのげ》阿倍朝臣《あべのあそん》継麻呂《つぐまろ》は津嶋《つしま》に泊《はく》して卒《しゅつ》す。副使従六位下大伴宿禰《おおとものすくね》三中《みなか》は病に染まりて入京することを得ず。（『続日本紀』天平九年正月辛丑条）

この遣新羅使たちは前年にあたる天平八年二月に任命され、同四月に拝朝《はいちょう》（出発に際しての儀式）をして新羅に赴いていた使者である。帰国した使者は、朝廷で復命しなければならない。本来であれば、遣新羅使のトップである阿倍継麻呂が復命の任にあたるはずであった。ところが、彼は津嶋（対馬《つしま》）停泊中に死亡し、ナンバー2である副使の大伴三中も病に倒れて京まで移動することができなかった。そこでやむなく、第三等官にあたる大判官の壬生宇太麻呂と少判官の大蔵麻呂が、代わりに復命するため入京したというのである。

この記事は非常に有名で、天平の疫病は新羅から持ち込まれた、という言説を生む主因ともなっている。しかし、天平七年以来、九州北部地域に逼塞《ひっそく》していた疫病の病原に遣新羅使が接触し、感染を広げてしまったというのが事実に近そうである。この遣新羅使は、往路の壱岐島《いきのしま》で「鬼病《きびょう》」により雪宅満《いきのやかまろ》という名のメンバーを亡くしている（『万葉集《まんようしゅう》』巻一五、三六八八番歌）。この鬼病の正体は不明だが、鬼を原因として発症する病、すなわち疫病を指す。仮にこれが天平の疫病と同じ病原によるものであったとしたら、遣新羅使は、新羅で疫病に感染したわけではなく、新羅に渡航する以前にすでに疫病と接触していたということになる。

雪宅満という名前から、彼は壱岐島出身の氏族であると推定されている。壱岐氏は亀卜《きぼく》に堪能な一族で、新羅に派遣する使者には亀卜を司《つかさど》る卜部《うらべ》が同行して航行の安全に寄与することになっていたから、宅満も卜部として同行したのだろう（瀧川政次郎『万葉律令考』東京堂出版、一九七四年）。彼が病死したのも壱岐島である。もしかすると彼は、遣新羅使の船をこっそりと抜けだし、郷里の知己《ちき》を訪ね、そこで感染したのかもしれない。

遣新羅使は船に乗って新羅へ赴く。船の中は一種の密閉空間と化すので、感染者が一人でもいれば、瞬く間に疫病が蔓延《まんえん》したとしても不思議ではない。

遣新羅使が新羅に到着する予定だった天平八年は、新羅の聖徳王《せいとくおう》治世三五年にあたるが、『三国史記《さんごくしき》』という新羅・高句麗《こうくり》・百済《くだら》三国の歴史書では、日本の使者が訪れたことを示す記事は確認できない。単に記録が失われただけかもしれないが、実際に新羅の政府と接触できるような状態になかったために、引き返すか、追い返されるかした可能性が高い（田中俊明「天平八年の遣新羅使をめぐる問題」『塚口義信博士古稀記念日本古代学論叢』和泉書院、二〇一六年）。

『万葉集』には、この時の遣新羅使の行程が、多くの秀歌とともに詳しく記録されている。しかしその記録は、天平八年九月、対馬の竹敷浦《たけしきうら》停泊を最後に途絶える。この後には、帰国後、播磨国《はりまのくに》（現在の兵庫県南西部）まで戻ってきた時に、妻に会いたいという気持ちを痛切に詠んだ歌が五首収録されているのみである。この遣新羅使たちによる一連の作歌については、後世の編纂の手が加わっている可能性が指摘されており、この五首についても、帰国後に付け加えられたものであるとの推測がある（吉井巌「遣新羅使人歌群—その成立の過程—」土橋寛先生古稀記念論文集刊行会〈編〉『日本古代論集』笠間書院、一九八〇年）が、いずれにせよ、対馬以降の記録に大きな空白が置かれているという事実は、その後の遣新羅使の混乱を物語っているかのようである。

天平九年の疫病流行

不気味な遣新羅使入京で始まった天平九年は、それからしばらくは平静にみえた。しかし、四月になって一転、参議《さんぎ》民部卿《みんぶきょう》という重職にあった藤原房前《ふささき》の死亡記事が載る。彼は藤原不比等の四人いた息子の一人で次男にあたる。いわゆる藤原北家《ほっけ》の祖で、その血筋はのちに藤原道長《みちなが》へと繋がってこの家の全盛期を築くことになるのだが、四人兄弟のなかでは最初の死者となってしまった。

房前の死から二日後には、大宰府管内、つまり九州地方で疫病が猖獗《しょうけつ》を極め、死者が多数にのぼっている、という理由で、管内の諸社に奉幣するとともに、貧しい家や疫病に苦しむ家に賑給（食料の支給）を実施し、湯薬の支給も行うように、との命令が出された。この時点では、疫病の主たる発生地は大宰府だったようだが、房前の死が疫病によるものであれば、すでに京にも疫病の手は及びはじめていたということになる。

五月になると、宮中で大般若経《だいはんにゃきょう》の読経が行われ、疫病の収束が祈られた。さらに、時の天皇である聖武天皇が次のような命令を発している。

四月以来、疫病と日照りが同時に襲ってきて、田の苗はすっかり萎《しお》れてしまっている。そこで、山川に祈り、神祇に祈ったが、いまだに効果がなく、苦境は続いている。私に徳がなかったばかりに、このような災いを招いたのだ。だから、思いやり深い政策を実施して、民の苦しみを救いたいと思う。国・郡の役所は、裁判に冤罪がなかったか詳細に審理し、行き倒れの死骸を埋葬し、飲酒を禁じ、食肉も禁断しなさい。さらに高齢者、身寄りのないもの、京内に住む僧俗男女の病に倒れ自活できないものに賑給する。また文官武官の任にある官人すべてに物資を支給する。さらに天下に大赦する……。

「私に徳がなかったばかりに、このような災いを招いたのだ――朕《ちん》、不徳を以て実に茲《こ》の災を致せり――」という言葉は、大きな災害が起きた時に統治者が発する言葉として、当時としては通例的なものではあるのだが、その言葉に続いて打ち出される徳治的な施策の多彩さには、危機感が滲《にじ》み出ているようにもみえる。なかでも、広く官人一般に物資を支給するということは、慶事や饗宴において行われることは多いが、災害時に行われることは少ない。この五月の時点で、京内における疫病被害が、もはや誰の目にも明らかなほど広がっていたということなのだろう。

六月の一日には、あらゆる部署の官人が疫病を患っているため、という理由で朝廷の政務が取りやめになるという異常事態に陥り、それ以降、大宅大国《おおやけのおおくに》、小野老《おののおゆ》、長田王《ながたおう》、多治比県守《たじひのあがたもり》、大野王《おおのおう》、藤原麻呂《ふじわらのまろ》、百済王郎虞《くだらのこにきしろうぐ》、藤原武智麻呂《むちまろ》、橘佐為《たちばなのさい》、藤原宇合《うまかい》、

表1　天平9年元日と天平10年元日の議政官一覧

天平9年

右大臣	藤原武智麻呂	死去
中納言	多治比県守	〃
参議	藤原房前	〃
〃	藤原宇合	〃
〃	藤原麻呂	〃
〃	鈴鹿王	生存
〃	橘諸兄	〃
〃	大伴道足	〃

天平10年

知太政官事	鈴鹿王	昇任
大納言	橘諸兄	〃
中納言	多治比広成	新任
参議	大伴道足	留任
〃	藤原豊成	新任

水主内親王《もいとりないしんのう》、以上一一名の死亡記事が並ぶことになる。

表1は天平九年元日と天平一〇年元日の議政官《ぎせいかん》（太政官《だいじょうかん》の本局構成員。現代の内閣の国務大臣を思い浮かべてもらえばよい）一覧である。顔ぶれが大きく変わっていることが確認できるだろう。体制の頂点に君臨する聖武天皇は生存したし、臣下の首席に躍り出た橘諸《たちばなのもろ》兄《え》も皇后《こうごう》藤原光明子《こうみょうし》の異父兄であったから、公卿メンバーの変化は、「政権交代」と呼ばれるような筋のものではなかった。それでも、人的空白は埋めがたい局面も生じたであろ

うし、何よりこの惨憺《さんたん》たる結果は、聖武をはじめとする為政者たちに大きな衝撃を与えたことだろう。

犠牲者はどのくらいいたのか

疫病の犠牲となったのは、もちろん、歴史書に死亡記事が載った貴族たちばかりではない。名も知られない多くの人々が疫病に倒れた。こうした無名の人々の間で一体どれほどの犠牲者が出たのか、これを試算した研究がある。ウィリアム・W・ファリス氏の研究で、氏は、当時の列島人口の三分の一から四分の一が犠牲になったという衝撃的な数値を提示してみせた。

その試算結果の莫大さにも驚くが、ある意味もっと凄いのは、人口統計がごくわずかにしか伝わらない時代の人口変化を、ここまで具体的な数値で提示できたことである。なぜこのような試算ができたのだろうか。

ファリス氏が注目したのは、正税帳《しょうぜいちょう》（あるいは大税帳《たいぜいちょう》）と呼ばれる当時の財政帳簿に記録された「負死百姓《ふしひゃくせい》」である。「大税《たいぜい》負死亡人」などとも呼ばれる。これは、出挙によ る債務を負担し、弁済する前に死亡した人を指す言葉である。先に出挙のシステムについては説明したが、当時、公出挙によって正税（大税）という公的財源の貸し付けを受けた人間が返済前に死亡した場合、死亡したものが負担するはずだった債務の稲は、利稲《りとう》（利

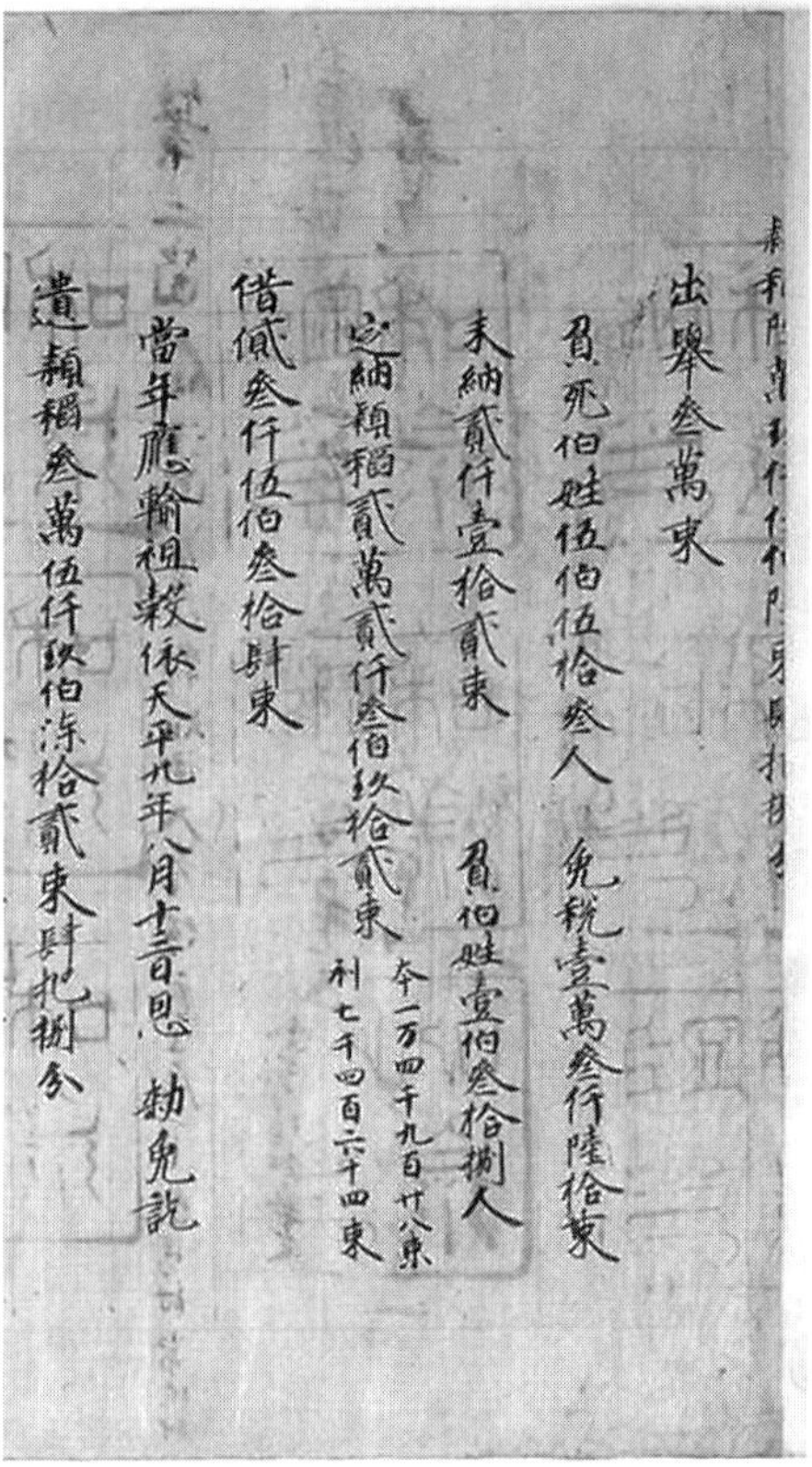
出挙参萬束
負死伯姓伍伯伍拾参人　免税壹萬参仟陸拾束
未納貳仟壹拾貳束　負伯姓壹伯参拾捌人
定納穎稲貳萬貳仟参伯玖拾貳束　今一万四千九百廿八束　利七千四百六十四束
借貸参仟伍伯参拾肆束
當年應輸租穀依天平九年八月十三日恩勅免訖
遺穎稲参萬伍仟玖伯柒拾貳束肆把捌分

図6　天平9年和泉監正税帳（正倉院宝物）

子）はもちろん、本稲《ほんとう》（元本）もすべて免除され、返済義務が消滅することになっていた。家族が代わりに債務を負うようなことはなかったのである。

債務者死亡により返済を免じられることになった稲は、正税帳に「免税」として記録された。正税帳には、どれだけの量の稲が出挙され、そのうちどれだけが「免税」扱いで回

表2　天平9年疫病死亡率試算　(　) 内は内訳

国	郡	(a)出挙稲〔束〕	(b)免税稲〔束〕	免税率＝(b)/(a)〔%〕	(c)未納稲〔束〕	未納率＝(c)/(a)〔%〕
豊後	球珠	6,212	1,850	30	1,630	26
豊後	直入	4,536	1,420	31	1,313	29
長門	—	81,303	11,231	14	15,193.7	19
〃	豊浦	(6,338)	(595)	(9)	(3,973.7)	(63)
和泉	—	30,000	13,060	44	2,012	7
〃	日根	(8,000)	(1,810)	(23)	(1,646)	(21)
駿河	益頭	27,900	9,456	34	0	0
〃	(某)	37,400	11,082	30	0	0
合計		187,351	48,099	26	20,148.7	11

収できなかったか、逐一記録されている（図5・6）。

ファリス氏は、この全出挙稲に占める免税稲の割合が死亡率に近似するはずである、という着想のもと、推算を行った。もちろん、出挙は列島に住むすべての人が受けていたわけではないし、出挙を受けた人の間でも受けた出挙の量は各人バラバラであるから、あくまでも近似値に過ぎないともいえる。しかし、出挙を受けた人間に限って死亡するということでもない限りは、有効な近似値として活用できる。使用できるデータはいずれも断片的だが、地域の偏りは少ない。古代史料の制約下にあっては、考えうる限り最も合理的根拠をもつ推算であるといえるだろう。

この推算の根拠となった表に、端数処理の適正化など所要の修正を加えたものが表2である。(a)出挙稲に占める、(b)免税稲の割合が免税率であり、これが死亡率に近似するとみられるわけだが、その数値は二六％と推算できる。

ちなみに(c)未納稲というのは、債務者は死んではいないが生活困窮などの理由で返済ができなかった稲のことである。債務は消滅していないので、この稲の債務者は来年以降に取り立てに追われることになるわけだが、天平九年は未納率もほかの年に比べて異常に高い。例年であれば、未納などまったく生じないのが普通であった。この未納については、死亡確認がまだできていないものの分を含んでいるとの意見もある（福原栄太郎「再び天平九年の疫病流行とその影響について」橋本政良〈編〉『環境歴史学の視座』）。

天平九年の疫病は、かくも甚大な被害を官民双方に与えたのである。

平安時代の大疫病

天平の疫病ほどの大疫病はごく稀な事例だと述べたが、そのごく稀な事例が平安時代中期にも発生し、一定数の史料が残されている。時代柄、京を中心とした情報になるが、二〇〇年以上の年月を隔てて発生した大疫病の様子を追ってみよう。

大疫病の再来

正暦《しょうりゃく》四年（九九三）は不穏な一年であった。まず六月に咳逆《がいぎゃく》（咳を伴う流行病。一般にインフルエンザを指すことが多いとみられている）の流行が確認されたかと思うと、続いて八月には疱瘡《ほうそう》（一般に天然痘と推定されている）が流行し（『日本紀略《にほんきりゃく》』）、秋には全国に蔓延したという（『扶桑略記《ふそうりゃっき》』）。疱瘡は、天平年間以来、約三〇年の世代交代のタイミングごとに二〇〇年以上にわたって流行を繰り返してきた疫病である。被害が小さいとは言わないが、三〇年周期のルーティンでもあった。

それが、翌正暦五年になるとさらに雲行きが怪しくなってくる。平安末期に編まれた歴史書『日本紀略』によると、四月から七月の間に京の死者は「過半」に及んだと伝えられ、五位以上の貴族には六七人もの死者が出たという。「過半」をそのまま字義どおり五〇%以上と受け止めることには慎重にならなければならないが、それでも壊滅的な被害が発生したといってよいだろう。

正暦五年の疫病に関しては、特徴的な事実が諸史料に残っている。まず『日本紀略』は、この疫病が「鎮西《ちんぜい》」つまり大宰府方面から全国に広まったと伝えている。また『本朝世紀《ほんちょうせい き》』という史料には大宰府からの解文《げぶみ》（上申文書《じょうしんもんじょ》）が掲載されており、この疫病が大宰府管内で正暦四年中冬（一一月）から翌年まで半年以上流行し続けていたと伝えられる。つまりこの疫病は、大宰府で発生し、全国へ伝播していったという動態が当時の人々にも観測可能だったのである。

大宰府で発生し、その後に全国に広まるという疫病の動きが明確に観測されている前例はもう一つある。天平の疫病である。さらにこの疫病には、ほかにも天平の疫病との共通点があった。それは、正暦五年の流行だけでは収まらず、年を代えて第二波が訪れ、その異常に高い致死率で政権中枢の顔ぶれまで塗り替えてしまったという点である。この疫病のその後を追ってみよう。

第二波の到来

翌正暦六年は改元されて長徳《ちょうとく》元年となったが、夏になると再び疫病が襲来した。四月から七月まで流行したと伝えられており（『日本紀略』）、前年正暦五年の疫病と共通した特徴をもつことから、その第二波ではないかと目される。

この時に死亡した人物のなかに、藤原道兼《みちかね》をはじめとした政権中枢の人物が多く含まれていた。藤原兼家《かねいえ》の五男でしかない道長が一躍政権トップまで登り詰めたのは、この疫病発生に前後して上席が次々と死亡したからである。特に、長兄道隆《みちたか》の跡を継いだばかりの次兄道兼が疫病に倒れたのは決定的だった。

平安末期に編まれた歴史書『扶桑略記』は、この疫病を評して、「古今《こきん》未だ有らず」つまり未曽有の疫病だと評している。このような評価を下された疫病も天平の疫病以来のことだった。

『日本紀略』はこの時の疫病の特徴として、「下人《げにん》」と呼ばれる身分の低い人々は感染しなかったと述べている。なぜか貴族たち身分の高いものばかりが感染したというのだが、その一方で、『栄花物語《えいがものがたり》』巻四は、この疫病によって下人たちは死に絶えそうなほどの被害を被っていたとも伝えている。歴史物語である『栄花物語』の史料としての信憑性の問題もあるが、ここは前年の正暦五年の時点ですでに下人の人々は強烈な流行を経験済みで、いわゆる「集団免疫」ができていたために、見かけ上、被害が少なくみえる局面もあったのではないか、と解釈しておきたい。

疫病の正体

この正暦・長徳の疫病の正体は、一般的には疱瘡だったとみられている（新村拓「正暦五年の疫癘と流言現象」同『日本医療社会史の研究』初出一九七二年など）。前述のとおり、正暦四年に疱瘡の流行が確認されているから、翌五年以降もその流行が継続したのだろうと考えられているわけである。

ただ、この点に関しては疑義もある。『栄花物語』は、道兼の病状に関して、「御風《おんかぜ》にや」と言っているうちに病状が悪化して死にいたったと伝えている。当時「風《かぜ》」と称されていた病は、一般的には頭痛・発熱をともなう疾患を指し、やや広い適用範囲をもつものの、現代の風邪に近いものであろうと推定されている（服部敏良『王朝貴族の病状診断』）。疱瘡と風邪は、普通混同されるものではない。

もっとも、『栄花物語』のことだから、この書物特有の美化が施された結果、疱瘡の流行が隠蔽《いんぺい》されたと考える余地はないではない。たとえば、花山法皇《かざんほうおう》に藤原伊周《これちか》・隆家《たかいえ》兄弟が矢を射かけた有名な事件は、実際には花山の付き添いの童子《どうじ》二名が首を切られて持ち去られており（『小右記』佚文《いつぶん》）、現場となった故藤原為光《ためみつ》邸を血の海にしたと推定される大乱闘の惨事であるが、『栄花物語』では、隆家が花山をちょっと脅かしてやろうと思って、馬上の花山を射たところ、矢が花山の袖《そで》をすっと通していったという話に書きかえられてしまっている。藤原道長も、実際には背にできた腫れ物によって苦しみ抜いて死んだと伝えられるが、『栄花物語』では美しく極楽往生したかのように描かれる。

しかしそれでも、単なる『栄花物語』の虚飾とは断じにくい。『栄花物語』以外の史料からも、正暦・長徳の大疫病は疱瘡ではないのではないかとみられる徴証が確認できるからである。

この正暦・長徳の大疫病を語る時、当時の史料は「疫疾《えきしつ》」「疫癘《えきれい》」という言葉を使い、決して「疱瘡」とは言わない。正暦四年が「疱瘡」と明記するのとは明らかに違うのである。

疱瘡も広義には疫病に違いなく、「疫瘡」と呼ばれることもあるが、平安中期当時には、「疫癘」という言葉を疱瘡とは区別する認識もまた存在していた。治安《じあん》元年（一〇二一）

に疫病が流行した時、藤原実資は「疱瘡」であれば老人は罹《かか》らないが、「疫癘」の場合は年齢に関係なく感染し、全国に広まる、と両者の差異を説明している（『小右記』同年三月一〇日条）。

老人が疱瘡に罹らないというのは、彼らが疱瘡の流行を経験している世代であるため、すでに免疫を獲得している可能性が高く、若い世代に比べて相対的に感染リスクが低いからである。ただし、疫病は多種多様であり、疱瘡のように、一度罹患すれば免疫ができて二度目の罹患リスクが大きく下がるようなものばかりではない。一度罹患してもすぐに免疫が失われるものもある。また、そもそも疫病の病原自体が未知の新種である場合や、その変異種である場合は、免疫をもっているものがまったくいないため、大流行を巻き起こすことになる。

正暦・長徳の疫病もまた、何らかの新種の疫病が国外から流入して大流行を巻き起こしたものではないだろうか。そしてその初期症状は、風邪のようにみえたという。二〇二〇年以降に地球規模の大流行をもたらした新型コロナウイルス感染症も初期症状は風邪と大きな違いがなく、症状が現れさえしない患者が少なくなかった。新型コロナウイルス感染症の場合、この顕著な症状が顕れにくいという性質が隔離を遅らせ、大流行を引き起こす一因ともなったが、あるいは正暦・長徳の疫病もこのような性質をもつ疫病だったのかもしれない。

大疫病の共通点

天平の疫病と正暦・長徳の疫病との間には、流入経路の明確さ、被害の甚大さ、特に第二波の深刻さという点において共通した性質が見いだせる。こうした諸特徴は、列島に馴染みのない新種・新型の病原が流入したことによると考えると理解しやすい。

新種の脅威

一般的に、新種の病原は脅威である。それは治療法が未確立であること、免疫をもつものがいないために大流行しがちであることなどにもよるが、それだけではなく、新種・新型の致死性が「加減を知らない」場合があるという特徴にも起因している。ウイルス主体に考えると、「彼ら」にとって、致死性の高さは必ずしも有利な性質ではない。次々と宿主を死に至らしめれば、近い将来、次に感染する先を失ってしまい、自らも共に滅びざるをえなくなるからである。したがって、誕生から時を経たウイルスは、変異の過程で弱毒化し、宿主となる動物と共存することで均衡した関係を築いていく。二〇二〇年以降に大流行した新型コロナウイルス感染症の場合は、弱毒化よりも先に医療体制の構築が死亡率の抑え込みに貢献したといえるが、高度な医療を望みえない古代社会においては、食料による免疫力増強や集団免疫の形成に加えて、この弱毒化が鎮静化の一つの鍵となっただろう。逆にいえば、まだ弱毒化するにいたらない「若い」病原は、高い致死性により、手加減を知らずに大きな被害をもたらすことが稀にある。天平の疫病や、正暦・長徳の疫病は、こうした特殊に属するケースであると考えられる。

もちろん、特殊であるから脅威が小さいということではない。むしろその特殊性ゆえに、被害の大きさのわりに対処法が蓄積されにくい。病原の移動や変異は一定の確率でリスクを蓄積し続け、それが一定の年数を経過した時にようやく顕現する。人類が忘れたころにやってくる、恐ろしい脅威だといえるのだろう。

ただし、平安時代の人々は、大きな被害をもたらす疫病に対し、一定の知識を蓄積していた可能性がある。『栄花物語』は、正暦五年の疫病で大きな被害が出ていることを目のあたりにした人々が、「今年に来年まさるべし」、つまり来年はさらに大きな被害が出るだろうと予測して脅威を感じていたと伝える。もし、この予想が『栄花物語』作者の創作でないとすれば、甚大な疫病は第一波で終わらず、第二波、第三波がやってくる可能性があることを、当時の人々が認識し、それをふまえて覚悟をしていたということになる。

現代の我々の社会は、ごく一部の専門家を除き、わずか一〇〇年前のスペイン風邪に第二波、第三波があったことをまったく記憶していなかった。二〇二〇年に全世界に広まった新型コロナウイルス感染症を前にして、初めて認識した人は多く、かくいう私もその一人である。一方、正暦五年の人々がこの「第二波」の知識をいつ獲得したのか、確かな手がかりはないのだが、仮に天平の疫病を念頭に置いていたのだとすれば（天平の疫病の第二波は第一波の翌年ではなく二年後だったが）、彼らは二〇〇年以上前の記憶を伝え、心がまえとして利用していたということになる。情報化社会であるはずの現代の記憶継承に対し、警鐘を鳴らす事実かもしれない。

海外から流入する疫病

新種と覚《おぼ》しき大疫病の流行起点が、半島や大陸への窓口である大宰府であったという事実は、これらの疫病がもともと海外から流入したものである可能性を強く示唆している。

天平の疫病を古代の疫病の典型と見なす考え方のもとでは、この「海外からの流入」という特徴が重視され、古代日本列島では疫病は繰り返し海外から流入し、甚大な被害をもたらしたと考えられた。こうした言説を理論面で支えたのが、天平の疫病の被害試算で有名なファリス氏が「マクニール・モデル」と呼んだ枠組である。

ウィリアム・マクニール氏（一九一七〜二〇一六）の大著『疫病と世界史』では、前近代における疫病の歴史は、免疫力の格差による支配・被支配関係の歴史として描かれている。人口が大きく、交通量も多い地域は、高い頻度で疫病の被害を受けるが、その対価として高い免疫力を手に入れる。一方、人口が少なく、比較的孤立した地域は、疫病の被害に晒される機会こそ少ないが、免疫力を獲得する機会にも恵まれないため、いったん疫病が流入すると、壊滅的な被害を受け、高い免疫力をもつ地域の支配を容易に受けてしまうのだという。つまり、「マクニール・モデル」とは、高い免疫力をもつ地域によって、低い免疫力しかもたない地域が支配されるという関係を指している。このモデルのもとでは、疫病による壊滅的被害は、高免疫力地域と低免疫力地域の接触による後者の被害として捉えられる。そしてこの理論を支える具体的事例が、スペインによるいわゆる「新大陸」征服であった。孤絶していたがゆえに住人の免疫力が低かった新大陸では、旧大陸の疫病流入によって壊滅的な被害を受け、容易に支配されてしまったのだという。ファリス氏は、このマクニール・モデルの典型が日本列島であると説いている。

しかし、古代の日本列島は果たして新大陸に比せられるほど孤絶していたのだろうか。数年おきに遣唐使《けんとうし》や遣新羅使が派遣され、新羅からの使者も頻繁に来航していた。マクニール・モデルが示したような、「外部からの疫病流入とこれにともなう大きな被害」という図式は、内部の隔絶性と、外部との免疫力格差があって初めて成り立つものである。日本がそこまで孤絶した存在だったとみなすことは難しい。

確かに、日本は大陸に比べて相対的に人口が少なかったから、疫病の病原を恒常的に地域内に保持することが難しく、外部から定期的に病原の供給を受けるという構造は存在した。天然痘はその典型とみられる。しかし、この定期供給は、新種のみがもつ独自の脅威とは峻別する必要がある。

そもそも、海外の窓口である大宰府が疫病の起点となったと、明確に確認できる事例は、類例がきわめて少ない。そのわずかな類例である、平安時代中期の正暦・長徳の疫病では、政権中枢の顔ぶれが大きく変わるような被害が生じていた。天平の疫病も同じパターンである。しかし、このように壊滅的な被害をもたらす疫病が頻繁に発生するわけではない。

何しろ、全人口の推定四分の一もの死亡をもたらす疫病である。もしもこのような疫病が繰り返し発生していたら、人口の再生産が追いつかず、瞬く間に列島の人類は死滅してしまうだろう。特殊事例だと考えて初めて理解できるのである。

ちなみに、マクニール氏が指摘していた旧大陸と新大陸の免疫力格差については、その後、交通量や人口の格差だけで説明するのは難しいという指摘もなされている。交通量や人口において、旧大陸と新大陸に大きな差はなかったとみるデータもあるためである。仮にそうだとすれば、旧大陸が新大陸より免疫力獲得という点で有利となったのはなぜだったのか。

その一つの説明として、家畜が挙げられている。旧大陸の方が新大陸よりも家畜化の条件（たとえば繁殖の容易さ）の揃った動物がたまたま多種多様に分布しており、病原に曝されやすい環境が整っていたという（ジャレド・ダイアモンド『銃・病原菌・鉄』）。疫病の動態を、動物の分布という環境要因から構造的に論じようとする試みである。「鳥インフルエンザ」などの言葉を思い出すまでもなく、家畜は人類の生活を豊かにしてきた智慧の結晶であると同時に、疫病流行のリスク要因でもある。近年ではこれに愛玩動物が加わってリスクを引き上げている。一〇センチほどの小動物を抱える我が家も他人事ではない。

それはともかく、リスクしかないものは人間社会も取り入れないから、疫病のリスク要因は、少なからず人間に恩恵をもたらすものとして、分かちがたく社会に組み込まれていることが多い。古代日本の場合、そのリスク要因とはどのようなものだったのだろうか。まず、伝播のルートに関して、疫病は大宰府よりも別の地域を中心として伝播することが多かった。その地域とは、平城京をはじめ、都が置かれた畿内中枢部、人口の最も集中する地域である。人間の集住という利便性は、時代・地域を問わず疫病のリスク要因だが、日本古代社会においては、どのような構造のもと、疫病流行の条件が整えられたのか、次にみていきたい。

古代疫病流行の仕組み

都と疫病

疫病はどこから

疫病はどこから広がっていくのか。まず、当時の人々の認識として、海外から疫病がもたらされるという観念はやはり古くからあった。たとえば、平安時代の貞観《じょうがん》一四年（八七二）正月、京で咳逆病《がいぎゃくびょう》が流行したことがあり、その時に渤海使《ぼっかいし》が来日していたので、「異土毒気《いどのどくけ》」が疫病の原因であるという言説が広まり、建礼門《けんれいもん》前で大祓《おおはらえ》が行われた。このころには、海外との接触が疫病を発生させる、という観念を人々が強くもっていたということは間違いない。

しかし、さかのぼって天平《てんぴょう》の疫病の際には、現代からみても海外からの流入が強く疑われるにもかかわらず、当時のことを綴った『続日本紀《しょくにほんぎ》』には海外との接触が疫病の原因だとする認識は示されていない。天平七年（七三五）の記録の末尾には「年《ねん》（穀物）頗《すこぶ》る稔《みの》らず」、つまり不作が疫病の原因と記されていたようである。同九年の記録に、疫病は「初め筑紫《つくし》より来たる」と伝播の方向こそ記されているが、これが海外からの流入であると明記されることはなかった。

『続日本紀』の本文は八世紀中葉から九世紀前葉にかけて段階的に成立したものなので、この記述が八世紀の認識なのか、それとも九世紀初期まで下るのか、確定することは難しい。ただ、「異土毒気」などという見解が公然と表明されることのない時代が、かつては存在していた。むしろこの時には、飢饉《ききん》の発生こそが疫病の主因として注目されていたのである。

飢饉と疫病の関係については追々考えることとして、まずは疫病伝播の動きを追ってみたい。

京と畿内の死亡率

古代の都は畿内《きない》に営まれ、基本的にこの範囲から出ることはない。畿内は古代の先進地域である。そんな畿内であるが、疫病の影響は当時どうなっていたのだろうか。まずは天平の疫病の時の被害状況をみてみよう。正税《しょうぜい》帳《ちょう》から推定できる死亡率は表2（五三頁）のとおりだが、このうち畿内にあたる地域は和泉《いずみ》だけである。そして和泉の免税率≒死亡率は四四％という壊滅的数値を記録しており、ほかの地域に比べて明らかな差がある。

また、貴族たちは、地方に赴任している場合もあるが、本来の居住地は畿内である。そんな貴族たちが天平九年にどれほど死亡したのかを推算した研究がある（高田淳「長門国正税帳」林陸朗・鈴木靖民〈編〉『復元天平諸国正税帳』現代思潮社、一九八五年）。四位以上の高位貴族に限って網羅的に調べると、その死亡率は三三％、三人に一人が死亡という状態だったことがわかっている。

算定の根拠を示しておこう。当時の正史である『続日本紀』において、四位以上はほぼもれなく死亡の事実が記録される。『続日本紀』には、ある貴族が四位以上の位に昇ったという情報も基本的に逐一残されているから、これらの情報を拾って四位以上貴族を抽出し、天平九年正月時点で何人の四位以上がいたか、そしてそのうち何人が亡くなったのかを算出すればよい。筆者も検算したが、情報の欠落による不明部分も多少あるものの、四位以上貴族の約三分の一が死亡という結論が動くことはない。

一方、表2によると、全国平均の死亡率は二六％と推算されていた。つまり、貴族の死亡率は、貴族ではない一般の人々よりも高いということになる。

しかし、貴族は一般の人々よりも、疫病による死亡リスクが低くなる要因をいくつかもっていた。たとえば飢饉に際しては、少なくとも食料に窮するまでのことはなく、一定の栄養状態を保てたはずである。

問題は食生活の豊かさだけではない。罹患すれば手厚く看護してもらうこともできた。律令《りつりょう》には、貴族が病に罹った場合、天皇に奏上したうえで、医師を派遣したり、薬を支給したりする手続きが定められている（医疾令《いしつりょう》）。長屋王《ながやおう》のような大貴族の場合は、その屋敷跡から出土した木簡《もっかん》により、邸内に医師がいたこと、また著名な医師を家政機関（貴族に附属し、その家内の実務を取り仕切る機関）から直接呼びつけることもできたことがわかっている（奈良国立文化財研究所『平城京木簡一』一九九五年、丸山裕美子「写経生の病気と治療―請暇解・不参解と薬物請求文書―」同『日本古代の医療制度』）。その著名な医師・甲《か》許母《こも》は、医術に通じた人物として元正《げんしょう》天皇から特別に報償を受けたことがあり（『続日本紀』養老《ようろう》五年正月甲戌条）、同姓の人物（改名したとみれば本人）は聖武《しょうむ》天皇付きの侍医《じい》にまでなっている（天平二年大倭国正税帳《やまとのくにしょうぜいちょう》）。

ともかく貴族は、以上の好条件に鑑みれば、それ以外の人々に比べて、疫病による死亡率が低く抑えられてもよさそうなものである。ところが、実際には低いどころかやや高い。

この一見矛盾する現象は、貴族たちが死亡リスクの低さを上回る罹患リスクの高さに晒《さら》されていたのだと考えると理解しやすい。つまり、畿内、そして貴族が集住する都は特に、疫病の感染可能性が高かったとみられるのである。日本古代においても、都市の疫病リスクは厳然と存在した。

京から伝播する疫病

前後の時代の疫病がどのような伝播の動きをみせたのかについても確認しておきたい。律令にもとづく国家体制を整えた日本は、慶雲《けいうん》年間（七〇四～七〇八）に初めて全国的な疫病流行を経験した。その伝播の様子を地図に落とすと図7のとおりとなる。当時の都は藤原京《ふじわらきょう》（今の奈良県橿原《かしはら》市、一部明日香《あすか》村）に置かれていたが、その周辺地域と東海道《とうかいどう》にまず被害が確認され、それが西へと伝播しているようにみえる。大宰府《だざいふ》発の「西から東へ」とは逆の方向に伝わっている点が注目される。

天平宝字《てんぴょうほうじ》四年（七六〇）にも、全国的な疫病は記録されている。これは天平の疫病の折に猛威をふるった「豌豆瘡《わんずかさ》」の再来だったらしい。そう判断する根拠として知られているのが、三〇年後の次のような事実である。

延暦《えんりゃく》九年（七九〇）のこと、京と畿内の三〇歳以下のものがみな豌豆瘡、日本では

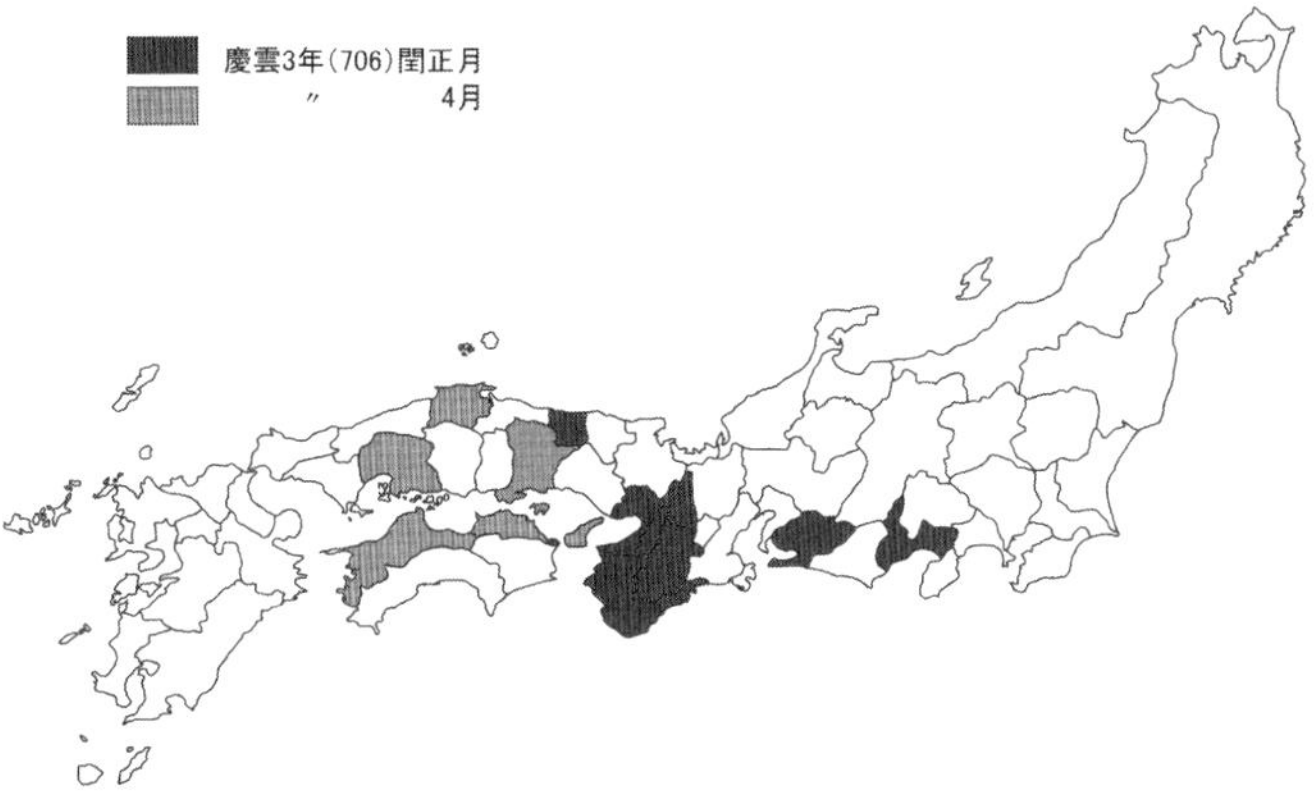

図7　慶雲の疫病

「モガサ」と呼ばれる病にかかり、多くのものが床に伏し、症状の重いものは死亡した（『続日本紀』）。全国的にも同様の事例が広く確認できたという。西暦七九〇年、三〇歳以下のものに限って豌豆瘡の罹患者が出たという事実は、その三〇年前にあたる七六〇年、つまり天平宝字四年ごろにも豌豆瘡が流行したことを示唆している（中西康裕「六国史にみる疫病」安田政彦〈編〉『自然災害と疾病』）。

天平宝字四年の京や畿内の被害については当時の史料から確認できないが、延暦九年の被害が京と畿内を中心としていたとみられる点をふまえるなら、天平宝字四年の疫病も、京・畿内に大きな被害をもたらすものだったとみるべきだろう。藤原光明子《こうみょうし》（光明皇后《こうごう》）が亡くなったのもこの天

図8　天平宝字の疫病

平宝字の疫病の時である。四人の兄たちと同じ病に倒れたのかもしれない。

疫病は翌五年にはいったん鎮静化したようなのだが、翌六年から九年にかけて大飢饉が発生したために、疫病もまた同八年まで長引いた。そして、天平宝字四年に疫病の発生が記録されたのが、図8の一六ヶ国であった。

図7と図8によると、京から一定の範囲内に疫病が常襲しているようにみえる。それは『延喜《えんぎ》式《しき》』という法令の施行細則を記した規定によるなら、おおよそ京から徒歩一〇日以内とされている範囲（図9）と一致するが、正確にはこれよりやや西に偏する地域となる。

ほかの疫病の事例でも、特に京畿が被害の中心地として言及されることは多い。それは、官人層

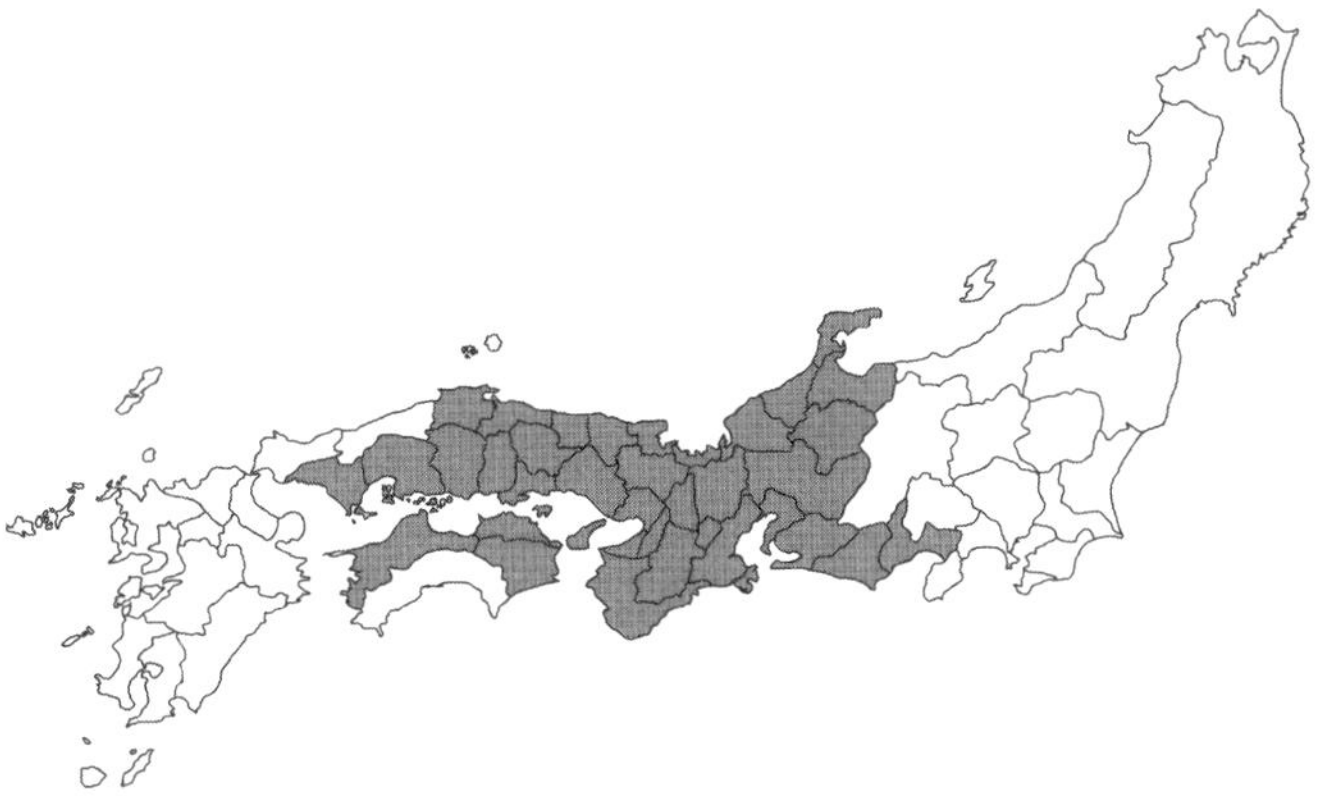

図9　『延喜式』で京から10日以内とされる地域

が京畿に集住しているために、史料に残りやすいという理由もあるのだろうが、図7・8にみえる疫病常襲地帯の分布を参考にするなら、京を中心とした疫病の伝播がまず第一の原因として疑われる。天平の疫病でも、京周辺地域の被害はほかに倍する被害が確認できた。

一方、海外への窓口である大宰府で疫病が発生し、それが京に伝播するという事例は、天平の疫病の例の前後一〇〇年以上を見渡しても、まったく確認できない。海外との接触が、大疫病の引き金となる事例はやはりきわめて稀である。

古代の疫病の基本的性格を論じるキーワードとして、京、つまり「都」が浮かび上がってくる。本節では、疫病常襲地帯としての都とその周辺に着目したい。

都で疫病が発生しやすいのは、人口が集中しているから、という理由が大きい。これは歴史人口学の研究分野でも周知のこととして認識されており、都市の不自然な環境とこれにともなう不衛生が人命を奪う点に着目した「都市墓場」説、あるいは都市が地方から人口を吸い上げては死なせるということを繰り返しながら維持されているという動態を端的に言い表した「都市蟻地獄《ありじごく》」説などとしてモデル化されている（速水融『歴史人口学の世界』第二章）。

家族から切り離されて

都にはそこに永住している人だけでなく、全国から一時的にやってくる人々が大勢いた。一時的に人々がやってくる主な理由として、「役夫《えきふ》」と「運脚《うんきゃく》」が挙げられる。役夫というのは、京で行われる土木工事などに駆り出された人々のことをいう。平城京をはじめとする都城の建設は、主として京近郊の畿内から、大量の労働力を吸い上げることで成し遂げられた。運脚というのは、調庸《ちょうよう》に代表される租税などを京まで運んでくる人々のことである。脚夫《きゃくふ》とも呼ばれる。各国は原則として、京からの距離に応じ、それぞれ一〇月、一一月、一二月の三ヶ月（古代の冬季にあたる）の月末を期限として、布や綿などの調庸を納入することを義務づけられていた。今津勝紀氏の試算によると、調庸をすべて馬に積んで運ぶと考えた場合、一月あたり五〇〇〇頭以上の駄馬《だば》がやってくると考えられ、この

図10　平城京の復元模型（奈良市役所所蔵）

駄馬にそれぞれ一人の牽《ひ》き手が付くから、冬の三ヶ月だけで、一万七〇〇〇人もの運脚がやってきたという（今津勝紀「貢調脚夫の往還と古代社会」同『日本古代の環境と社会』）。実際の交通手段は馬に限られず、路次の交通事情により人力、車、水運などが利用されるが、試算として有効であろう。

こうして都にやってきた大量の一時滞在者は、慣れない生活を強いられ、さらに故郷の近親から切り離された状態で都に集まることになる。近親は、病に倒れた時に最も頼りになるはずの人々だった。ある史料（『類聚三代《るいじゅさんだい》格《きゃく》』巻一七募賞事、弘仁《こうにん》一三年〈八二二〉三月二六日太政官符《だいじょうかんぷ》）によると、疫病に感染した人々が近親者にすら見捨てられ、食事を摂れずに死んでいく事態が問題視されているが、これは、当時の病気治療が主として近親者によって担われていたことの反映でもある。専門の治療機関など一般的には存在しない時代だった。

ところが、都に連れてこられた人々は、こうした近親者からも切り離されてしまう。運脚は各郡を監督する郡司《ぐんじ》に率いられてやってくるので、同郷者と行動を共にすることは多かっただろうから、完全に孤独な人々が都に集積されていたわけではない。それでも、近親者のいない都で病気に罹った場合、故郷にいた時と同等の看護を期待することは難しかっただろう。だからこそ、施薬院《せやくいん》などの生活医療保護施設が必要とされたわけで、これは都市固有の必要に応じた救済措置であった。

運脚たちの食料不足

さらに彼らの疫病死のリスクを高めていたのが食料の不足だった。調庸を運んでいく運脚たちの食料は、調庸を負担する人が平等に物資を出し合って、運搬料として運脚の食料を用意すると定められていた（『令義解《りようのぎげ》』賦役令《ぶやくりよう》3調庸物条）。調庸以外のものを臨時に持ってくる場合は、国儲《こくちょ》といって各国が食料を負担してくれる制度があったが、調庸の場合に限っては、その制度が適用されることは決してなかった。調庸という租税は、運脚という運搬労働、そして運脚が本貫地《ほんがんち》（本籍地）と京とを往復するのにかかる食料という負担が否応なく抱き合わせでのしかかってくる租税だったのである。

和銅《わどう》五年（七一二）に出された詔《みことのり》（天皇の命令）によると、彼ら運脚や役夫は、帰郷しようという時になると食料が不足して、故郷までたどり着くことができない、という事態に直面した（『続日本紀』和銅五年一〇月乙丑条）。この詔では、事態を打開するために、帰郷の路次において郡稲《ぐんとう》という地方財源を配備するとともに、帰郷者には銭貨を携行させ、路次の郡稲と交換できるようにせよ、との指示がなされている。こうしておけば、人々は重い食料を持参する必要がないし、銭貨を用いることの便利さも浸透するだろう、と期待されていた。和銅五年というのは、和同開珎《わどうかいちん》発行から四年後である。

図11　和同開珎（東京国立博物館所蔵，ColBase より）

銭貨は役夫の労働の対価として支払われていたから、役夫は当然、銭貨をもっていただろう。一方、運脚の方は問題である。当時の貨幣は基本的に地方での流通が想定されていなかったから（森明彦「和同開珎の価値規定と流通構造」同『日本古代貨幣制度史の研究』塙書房、二〇一六年）、あらかじめ故郷で貨幣を用意していくというわけにはいかなかった。彼ら運脚がこの制度を利用するためには、京にいる間に銭貨を何らかの方法で調達しなければならなかったのである。後述する「京下《きようか》の役《えき》」などは、そんな運脚たちに銭貨を稼がせるための短期アルバイト、のような意義ももっていたのかもしれない。

霊亀《れいき》二年（七一六）になると、運脚が入京した時、担当の役所が運脚たちの「備儲《びちよ》」をチェックするように、との法令が出されている（『続日本紀』霊亀二年四月乙丑条）。備儲というのは、ここでは運脚たちが携行してきた食料のことであろう。彼らが十分な量を携えていれば、総責任者である国司《こくし》の成績評価を上げ、携えていなければ処罰するようにとの指示であった。

帰国できない運脚たち

それでも運脚の食糧不足は解消されなかったのか、天平宝字元年（七五七）には、運脚たちや故郷を離れた先で病に倒れた人々が、食料に困って、各地で何とか寄食《きしよく》（他人の家に身を寄せて食料などを世話になること）して命を繋ごうとするものの、結局故郷に帰れないまま苦しんで死んでいくので、食料や薬などを支給し、故郷に帰らせるようにと地方官たちに命令が下されている（『続日本紀』天平宝字元年一〇月庚戌条)。またその二年後には、一〇月から一二月にかけての冬期(調庸を運ぶ運脚たちが京にやってくる時期)になると、病気や食料不足が理由で帰国できない運脚たちが、市《いち》の周辺に飢えた状態で大勢集まっていたと伝えられる(『続日本紀』天平宝字三年五月甲戌条)。

運脚が携行すべき食料は、一日分の食料×往復の所要日数で計算することになるが、『延喜式』の主計《しゅけい》上巻には各国から京までの所要日数が定められていた。その日数から試算して平均を出すと、運脚たちは往路(都に運ぶための重い荷物を背負っている)は一日二〇キロ以上、帰路(空荷となる)は四〇キロ以上も歩くことが想定されている。仮に古代の人々が実際そのような速度で移動していたのだとすれば大変な健脚だが、実際にはもっと日数を要したであろうと考えられている(榎英一「延喜式諸国行程の成立」『律令交通の制度と実態』塙書房、二〇二〇年、初出二〇〇八年)。たとえば常陸《ひたち》国(現在の茨城県)の場合、『延喜式』の規定によれば京への往路は三〇日、帰路は一五日とされているので、『延喜式』所定のスピードで移動したとしても往復四五日の長きにわたるが、実際にはこれ以上の往復日数となったということである。後述するように、京にも荷下ろしのため数日滞在しなければならないし、天候次第で足止めを食ったりしようものなら日数はさらに増える。

五〇日分を軽く超えてしまうような大量の食料をコメだけで持っていくのは、あまりに重すぎて現実的ではない。一部は繊維製品（当時は軽物《かるもの》と呼ばれ、交換手段として貨幣的に利用されていた）の形で持って行くという選択肢もあるが、それだけの財物《ざいもつ》を一度に準備できたのか。また円滑に食料と交換することができるのか。そこには数々の障壁があったに違いない。

運脚と調邸

こうしたリスクを背負いながら都に集められた脚夫たちは、都でどのように過ごしたのだろうか。まずは運んできた荷物を、調邸《ちょうてい》と呼ばれる施設に運び込むことを求められたものと推定されている。

調邸の「邸」という一字は、もともと中国の各地を治める諸侯が都にやってきた時に滞在するための屋敷を指す。江戸時代に参勤交代《さんきんこうたい》で江戸にやってきた大名《だいみょう》が暮らす江戸屋敷のようなものをまずは想像してもらえばいいかもしれない。

しかし日本古代の場合、各地を治める国司たちは、本来は都やその近辺に居住する貴族たちで、おおむね四年の任期中に限って地方に赴任しているに過ぎないから、彼らが一時的に京にやってきた時には京の自宅に戻って生活するのが一般的だっただろう。ところが、日本にもこの「邸」と呼ばれるものが国ごとに置かれていたらしいのである。実在が確認できるのは相模国《さがみのくに》（現在の神奈川県）のもので、「相模国調邸」と呼ばれていた。

調邸は、国司の住まいではない。では何だったかというと、諸国から都に運ばれてきた調物《ちょうもつ》が朝廷の蔵に納入されるまでの間、一時的に収蔵される施設であり、諸国から使者がやってくる際の政務拠点ともなったと考えられている（舘野和己「相模国調邸と東大寺領東市庄」同『日本古代の交通と社会』初出一九八八年）。国司のもとには郡司と呼ばれる下《か》僚《りょう》たちがおり、調庸の運搬を監督して国司とともに入京した。郡司たちは国司と違って地方の出身であるから、調邸は彼ら郡司の滞在場所ともなっていただろう。

調邸は、運脚たちが京にやってきた時に滞在する場所としても利用されていたのではないかと考えられている。運脚は調庸などを都まで運んでくるのが本務であるが、京まで荷物を届け終えればすぐに帰国できるかというと、そうはいかなかった。荷物は大蔵省《おおくらしょう》をはじめとする届け先にて、分量や品質に問題がないか、検収を受けなければならない。検収の順番がまわってくるまで、荷物は調邸で一時保管されるわけだが、いよいよ検収の時がきたら、届け先へ運搬するのもやはり運脚の仕事だったのだろう。こうした一連の手続きが終了するまで、運脚たちは京に滞在することを余儀なくされる。そんな彼らが夜露をしのぐ場所として調邸を利用していたというのはありえる話である。彼ら運脚を引率してきた国司や郡司にとっても、自分たちの目の届くところに運脚を寝泊まりさせた方が都合はよかっただろう。

これは京ではなく大宰府の話だが、各地から集まった人々は大宰府の管理する倉の下に「客宿《きやくしゆく》」（一時滞在）したり、近隣の村々に有料で寄宿したりしていたという（『続日本《しよくにほん》後紀《こうき》』承和《じようわ》二年〈八三五〉一二月癸酉条）。高床《たかゆか》倉庫の下にできる空間が、ここでは夜露をしのぐ場所として利用されている。調邸に集まった人々も、そこに設けられていたであろう倉の下で寝泊まりすることもあったのだろうか。

ただし、このような公私の寄宿先は、身を寄せる人々が病に罹患するとすぐ追い出しにかかった。倉を管理する役所は、ここは病人を収容する施設ではないと言って追い出し、近隣の村々は死者が自宅で発生するのを忌避して追い出すのだという。それに、調邸にいたからといって無料で食料を振る舞ってもらえるわけではないだろう。こうして、病に罹ったり食料が尽きたりした運脚たちが、市に屯《たむろ》することになるのである。

京での日雇い労働

運脚たちは、調邸でただ待機していたわけではなく、京のあちこちで立ち働かされることもあった。この労役は、京下の役、あるいは都下《とか》の役《えき》と呼ばれていた。

延暦二四年（八〇五）には、諸国の脚夫が京で働く日数が三日だったり五日だったりとバラバラで不公平であるため、二日に統一するようにという法令が出された（『日本後紀《にほんこうき》』延暦二四年一二月壬寅条）。当時は平安京《へいあんきょう》建設で人々が疲弊していたうえに、災害や疫病が発生して農業が打撃を受け、その復興もいまだに達成されていないという状況だった。京下の役の日数制限は、こうした状況下で実施されたものである。

大同《だいどう》四年（八〇九）には、日照りや疫病により人々が疲れているからという理由で、京下の役を停止せよとの法令が出されている（『類聚国史《るいじゅこくし》』一七三疾疫、大同四年九月丙午条）。また弘仁一三年（八二二）には、近年災害が頻発していることを理由として、京下の役は今後いっさい廃止することとされた（『類聚三代格』巻一七蠲免事、弘仁一三年正月二六日太政官符）。

京下の役の日数は少なくとも法令をみる限りわずかなものだが、災害などで民力が低下している時に繰り返し制限や停止の措置がなされていることから、運脚たちの重い負担になると認識されていたものと思しい。疫病が制限の理由として強調されているのは、運脚たちの長期滞在が疫病流行を激化させることを恐れ、早く帰郷させてしまいたかったため、というわけではあるまいが、このわずかな日数の役を免除することが、民力休養に有効であると考えられていたのは事実らしい。

なお、京下の役については、なぜそれを課すことができるのか、法的根拠がよくわかっていない。いかなる機関が課しているのかもわからない。ただし、その歴史はかなり古く、難波《なにわ》遷都直後の大化二年（六四六）を史料上の初見とする（『日本書紀』大化二年二月戊申条）。そこでは、遷都直後のためこの役を課さないわけにはいかないと説明されている。都という巨大施設の造営・維持のために欠くことのできない労役とみなされていた。

京下の役は、実態としては強制性をもっていたのだろうが、貢調脚夫には、この役に従事するメリットもあったのかもしれない。前述のように、貢調脚夫が地方と都を往復する際の食料は自弁を原則としていた。つまり、自分で食料を用意して持っていかなければならないのである。往路であれば、食料が尽き、飢えて倒れるということはまずなかったと考えられる。というのも、運脚に荷物を運びきってもらわなければ国としても困るので、彼らの生存は保証されていたはずだからである。しかし、京には飢えた運脚が大勢いた。都滞在中にはすでに食料が尽きていることが少なくなかったわけである。彼らは京滞在中の食料はもちろん、帰路の食料も稼がなければならなかった。そんな彼らが食料を確保する手段として、京下の役は活用されていたのではないだろうか。

京下の役は一人あたり数日とされ、一見小規模な徴発のようにみえるのだが、今津氏の試算によるなら運脚は年間で二万人近くも入京していたというので、毎年のべ数万人を動員するような大規模な事業だったのである。都には、これだけの人数を動員するだけの事業が毎年用意されていたということになる。具体的に何の仕事をしていたのか、語ってくれる史料はないが、橋の修理や側溝の整備など、京のライフラインを支える事業は毎年必要だったろう。脚夫たちも在京中にこうした事業に駆り出されることはあったのではないか。

脚夫は一〇月から一二月にかけて、順次都に到着する。冬は農閑期《のうかんき》にもあたるから、土木事業が最も活発に行われる時期だったが、脚夫もまたその時期に都で雑役《ぞうやく》にあたっていたのである。

疫病を運ぶもの

都は人々が盛んに往来し、また集住する地域であり、さらに重症化要因をもつ人々も数多く滞在していたために、疫病リスクの高さはほかの地域とは比べものにならなかった。さらに、都から地方へと移動する人々が、疫病の運び手となることも多かったはずである。都から地方へ疫病を媒介する存在として、特に注目されてきたのが運脚だった。

ただし、運脚が全国津々浦々からやってくるのに対し、疫病伝播の範囲は列島隅々まで及んでいたわけではない。先に述べたとおり、疫病が頻発する地域は、都から一定範囲の圏内、やや西に偏する領域にとどまっている。当時の列島の人口密度は都を中心としつつ西高東低の分布を示していたから（今津勝紀「人口動態よりみた日本の古代」同『日本古代の環境と社会』）、疫病の流行には一定の人口密度が必要で、古代においてその条件を満たしていたのがこの範囲だったということだろう。

また、運脚の入京時期は冬である。彼らは調庸を運んでくるのが仕事なのであるから、荷の納入が終わればすぐ帰るのが本来の原則であるし、政策的にも農繁《のうはんき》期前の帰国が推奨されていたであろう。ところが、疫病の発生時期は（次節で詳しく見ていくが）必ずしも運脚の帰郷の時期に一致しない。

運脚たちが都で直面した数々の困難を示す史料は、都の疫病リスクの高さを物語ってくれる。それでも、疫病の流行時期と運脚の入京時期が異なる以上、運脚を疫病の要因として過大評価はできない。古代の疫病は、運脚をはじめとする人々の多様な都鄙《とひ》間交通のもと、伝播していたと考えておいた方がよいのだろう。

疫病と農業

次に、後回しにしていた飢饉と疫病の関係について考えていきたい。日本の古代社会は、地域により程度の差こそあれ農耕社会である。

飢饉が起こす疫病

農耕社会で避けて通れない災害が飢饉であるが、飢饉が発生すると、疫病流行のリスクが高まることはよく知られている。

なぜ、飢饉が発生すると疫病が流行りやすくなるのだろうか。まず、飢饉により食料が不足すると、人々の抵抗力が低下し、疫病に感染しやすくなること、そして、普段は食べないようなものを食べることによる、消化器系疾患のリスク増大が挙げられる。

こうした飢饉と疫病の因果関係は、もちろん、日本古代に限った話ではない。洋の東西を問わず、また時代を問わない現象だった。たとえば、アイルランドで発生した大飢饉、いわゆる「ジャガイモ飢饉」は有名である。

一九世紀半ばのこと、ジャガイモの苗《なえ》が次々と枯死《こし》し、ついにはアイルランドのジャガイモの収穫量のうち九割までもが失われるという事態となった。これは、天候不順により、ジャガイモという特定の植物体に感染する病原（のちにジャガイモ疫病菌と命名される）がいっせいに大流行したためだった。この出来事は植物病理学（植物に病原が侵入・感染する仕組みを解明し、感染の予防や治療に繋げ、食料減産を防ぐ学問）の黎明として記憶される大事件だが、当時の社会の動きとも密接に絡み合いながら生起・展開した。

当時のジャガイモは「貧者のパン」という異名をもち、アイルランドの低所得者層は、ジャガイモに大きく依存する食料事情を抱えていた。そのため、ジャガイモの大量枯死は多くの人々の死を招き、残った人々も海外の新天地に活路を見いだそうとした。結果、アイルランドの人口は壊滅的な打撃を受け、現代でもジャガイモ飢饉以前の人口水準には戻っていないという。

この時の死者は、飢餓そのものよりも、疫病が直接の原因となったものの方が多かったとされている（山本紀夫『ジャガイモのきた道―文明・飢饉・戦争―』岩波書店、二〇〇八年）。

飢饉により抵抗力の衰えた人々を、チフスや麻疹《ましん》といった多種多様な疫病が襲ったのである。

そしてアイルランドの大飢饉は、ジャガイモの不作のみが原因ではなく、当時のアイルランド統治の在り方がこれを深刻化させたことがわかっている（勝田俊輔・高神信一〈編〉『アイルランド大飢饉』）。飢饉は、自然現象だけでなく、人間社会の構造も大きく関わって発生する災害であり、これは日本の古代も例外ではない。

疫病が飢饉を引き金として発生する以上、疫病は、飢饉の原因となる社会構造の影響下にあるということである。

古代日本の季節感覚

飢饉と疫病には相関がある。より実態に即して定義づけると、飢餓状態の広がりと疫病には相関がある。前近代社会の場合、作物の収穫期前、つまり端境期に、食料が不足しがちであった。日本の中世社会の場合、夏に死亡者が集中する事実が指摘されており、その背後にも端境期の食料不足があるという（田村憲美「中世人の〈死〉と〈生〉」『日本史研究』三八八、一九九四年）。当時の社会は、特別な飢饉が発生しなくても毎年飢餓により人々が死んでいく、慢性的飢餓状態であったとみられている。

こうした状態は、日本古代にも当てはまるという（今津勝紀「古代の災害と地域社会―飢饉と疫病―」同『日本古代の環境と社会』初出二〇〇九年）。端境期の飢餓と疫病との相関は、疫病発生に季節性があるという事実によって裏付けられている。

ところで、この季節というものだが、古代日本では、もちろん現代のようなグレゴリオ暦を使用してはいないため、当時の月日表示と現代の季節感覚は必ずしも一致しない。考察の前提条件ともなるので、少し詳しく確認しておこう。

当時の暦《こよみ》では、ある新月の日から次の新月までという月の満ち欠けの一サイクルを一月とし、一年はその連続で把握される。連続する各月のなかで、冬至《とうじ》を含む月が一一月、夏至《げし》を含む月が五月と名付けられる。この冬至や夏至というのは、太陽の黄道《こうどう》上の位置から割り出される基準点であり、中気《ちゅうき》と呼ばれる。中気は全部で一二あり、それぞれ対応する月が決まっている。ただし、月の満ち欠けの周期は約二九・五日なので、一二ヶ月では三五四日にしかならず、地球の公転周期三六五日には約一一日足りない。したがって、どこかで中気を含まない月が発生するが、これが閏月《うるうづき》と呼ばれ、約二～三年に一度の頻度で挿入されて太陽のサイクルと月のサイクルを調整していた（細井浩志『日本史を学ぶための〈古代の暦〉入門』吉川弘文館、二〇一四年）。

よって、古代の史料に出てくる月は、現在の月の季節感とはかなり前後する。現代では、今年の三月と来年の三月とで、太陽との位置関係に大きな違いが生じないため、おおむね同じ気候を期待できるが、古代は中気を定点として、最大で前後一ヶ月のズレが生じるわけである。

以下に三月とか五月などと言及する時、これは古代の暦上の三月であり、五月である。上記のようなズレが存在する以上、適宜、現在の暦に換算して論じるのも一案だが、特定の年に紐付けられていない場合は換算ができない（たとえば、年中行事の三月が現在の暦のいつにあたるのかは毎年変わってしまう）。当時の人々が当時の暦感覚で生活していた以上、機械的に換算した日付で議論することはかえって当時の認識を汲み取れないおそれもある。まずは史料上に出てくる日付に則って観測し、必要に応じて現在の暦への換算をすることにしたい。

なお、古代では冬至を含む月が一一月だと述べた。冬至は、現代日本で採用されている暦では一二月の下旬ごろに巡ってくる。前後に変動はするものの、おおむね、現代の暦が古代より一ヶ月前倒しになるので目安として参考にしていただきたい。当時の四季の対応は、一～三月が春、四～六月が夏、七～九月が秋、一〇～一二月が冬となっている。

流行する時期

それでは、疫病の季節性がどのようなものかみていこう。疫病は、一般的に夏に流行すると言われている。古代の疫病の発生記事と、官人たちの死亡記事を集計した研究によると、疫病の発生は三月から五月、つまり春の終わりから夏の半ばにかけて集中し、官人の死亡は五月から七月、つまり夏の半ばから秋の初めにかけてが最も多いという結果になっている（新村拓「疫病流行の季節性」同『日本医療社会史の研究』初出一九七九年）。

古代の疫病の流行時期を示す、もう一つ重要な史料として注目されてきたのが、少し前にも取り上げた天平一一年（七三九）の備中国大税負死亡人帳《びっちゅうのくにたいぜいふしぼうにんちょう》という帳簿である。大税というのは、ここでは正税と同義と考えていただいてよい。正税を出挙《すいこ》で借り受けた人が、これを返済する前に死亡した場合には、本稲《ほんとう》・利稲《りとう》ともに免除されるわけだが、大税負死亡人帳というのは、この正税出挙の負債を弁済しないまま死亡した人々の名前と死亡年月日、債務免除となった稲の数量をリストアップした帳簿である。四四名分の死亡年月日の情報が現存している。

この帳簿に記載された死亡年月日にもとづいて年間死亡者の分布を確認すると、夏（四〜六月）の死亡率が有意に高い。この帳簿を論拠として、古代人は一般的に夏によく死亡すると推定されており、夏における疫病多発の傍証ともなっている。

ただ、この帳簿の取り扱いにはいくつか留意すべきことがある。特に大きな問題は、この帳簿があくまでも大税負死亡人、すなわち正税を出挙で借り受けたまま死んだものに限定された死亡リストであるということである。つまり、出挙をまったく受けなかったものはもちろん、出挙を受ける予定だったがその前に死亡したものや、出挙を受けたものの問題なく返済し、その後に死んだものはカウントされない。

茨城県の鹿の子《かこ》C遺跡から出土した漆紙文書《うるしがみもんじょ》では、出挙は春の三月に一度目、夏の五月に二度目が実施されていた。この文書は常陸国のものであり、土地柄によって出挙のタイミングは若干前後することもあっただろうが、出挙が「春夏二度」行われるという認識は古代の正税の収支簿で全国的に確認できる。そして、出挙された稲は秋の収穫後に返済される。

この年度サイクルは何を意味するか。出挙返済が終わるころから翌年の春出挙が実施されるまでにかけての期間は、死亡者が出ていたとしても、大税負死亡人帳では把握することができないということである。したがって、この帳簿では、春や秋に比べて夏の死亡率が高かったことはわかっても、冬がどうだったのかはわからない。

それでも、当時の疫病対策史料からは、人々が夏を中心とした時期に疫病流行のリスクが高まるという意識をもっていたらしいことは汲み取れる。

まず、疫病対策の開始時期についてだが、季春《きしゅん》、すなわち当時の暦でいう三月に実施される鎮花祭《ちんかさい》の存在は注目される。この祭について解説した『令集解《りょうのしゅうげ》』によると、花が散る時に疫神《えきじん》が花とともに分散して疫病を流行らせる（神祇令《じんぎりょう》3季春条）と考えられていた。春の終わりごろから疫病が流行しはじめるという観念が存在していたということである。

また終了の時期については、弘仁一三年（八二二）に出された法令（『類聚三代格』巻一七募賞事、弘仁一三年三月二六日太政官符）が参考になる。この法令によると、当時、大宰府の管理区域（現在の九州地方）で疫病が流行していたため、一定人数以上の病人を看護したものには官位授与で報いることとなった。そして、この法令の末尾には、「仲秋《ちゅうしゅう》に至らば惣《す》べて停止に従え」との規定が存在する。仲秋、つまり八月までの時限法だったのである。

仲秋で期間を区切ったのは、このころになれば疫病が一般的に終息に向かうという見通しを政府がもっていたためであろう。当時の感覚として、秋も終わりに近付けば疫病は終息すると考えられていたのである。ちなみに、弘仁一三年の八月は、現在の暦に換算すると、八月二〇日から九月一八日（『日本暦日原典』）である。

以上の疫病対策の実施時期は、古代の農業サイクルと一致するだろうか。確認していこう。

コメの生産時期

当時の史料によると、コメの収穫時期は秋、すなわち七月から九月である。九月から一一月に収穫すると解説する法律注釈書もあるが（『令義解』田令2田租条）、これは実際には収穫時期ではなく、田租の徴収時期を問題にしているらしい。別の注釈書は、大和国の添下郡《そえしも》や平群郡《へぐり》では七月に収穫し、葛上《かずらきのかみ》・葛下《かずらきのしも》・宇智《うち》の三郡では八月や九月に収穫すると言っている（『令集解』仮寧令《けにょうりょう》1給休仮条）。

また、新任の国司は、給与としてもらっている田から最初の収穫を得られるまでの間、特別手当を支給されるが、その支給期間は、八月三〇日まで、つまり仲秋までである（『令集解』田令《でんりょう》34在外諸司条令釈所引養老八年正月二二日格）。当時の通念として、仲秋の末には収穫物を得られていると考えられていたのであろう。疫病対策の終期は収穫時期と正確に一致しているといえる。

以上、日本古代においても、疫病の季節性は確認できるわけだが、その季節性は、田からの収穫、すなわちコメの生産と連関していた。

コメの生産活動、つまり稲作と、飢饉・疫病とは、日本古代の社会においてどのような関係にあったのだろうか。当時の社会の特徴をみていきたい。

あまねく支給される田

日本古代の律令国制では、人々は皆口分田《くぶんでん》という田地を授けられる。口分田は、女性は男性の三分の二、奴婢《ぬひ》はさらに三分の一に支給面積を減じられるものの、律令の母法である中国に比べればずっと支給要件が緩い。たとえば中国では、寡婦《かふ》、つまり夫のいない状態でなければ女性は口分田支給を受けられないのが原則である。

年齢の方の条件として、律令の規定では、六歳以上になったら支給するとされている。ただし実際には、六歳になってすぐに口分田をもらえるわけではない。というのも、口分田の支給作業である班田《はんでん》が、六年に一度しか行われなかったからだ。

この班田の前提となる作業が戸籍の作成だった。古代日本では、六年に一度、戸籍を作る。古代の戸籍には、現代の戸籍と同じように人々の親族関係を確認するという機能もあるが、それ以外にも特有の機能として、班田収授の台帳という機能があった。戸籍の情報にもとづいて班田が行われるわけである。実務的には、戸籍に二度目に記載された時に初めて口分田の支給が受けられたのではないかと考えられている。初めての班田が一〇歳を超えてからというケースも少なくなかっただろう。当時の社会は多産多死《たさんたし》で、乳幼児期の死亡率が高かったから、ある一定の年齢まで生き延びたものにだけ口分田を支給するというシステムは合理的だった。このような、一定の年齢制限はあったものの、国家によって直接把握された人々は、みな口分田を支給されるという建前があった。

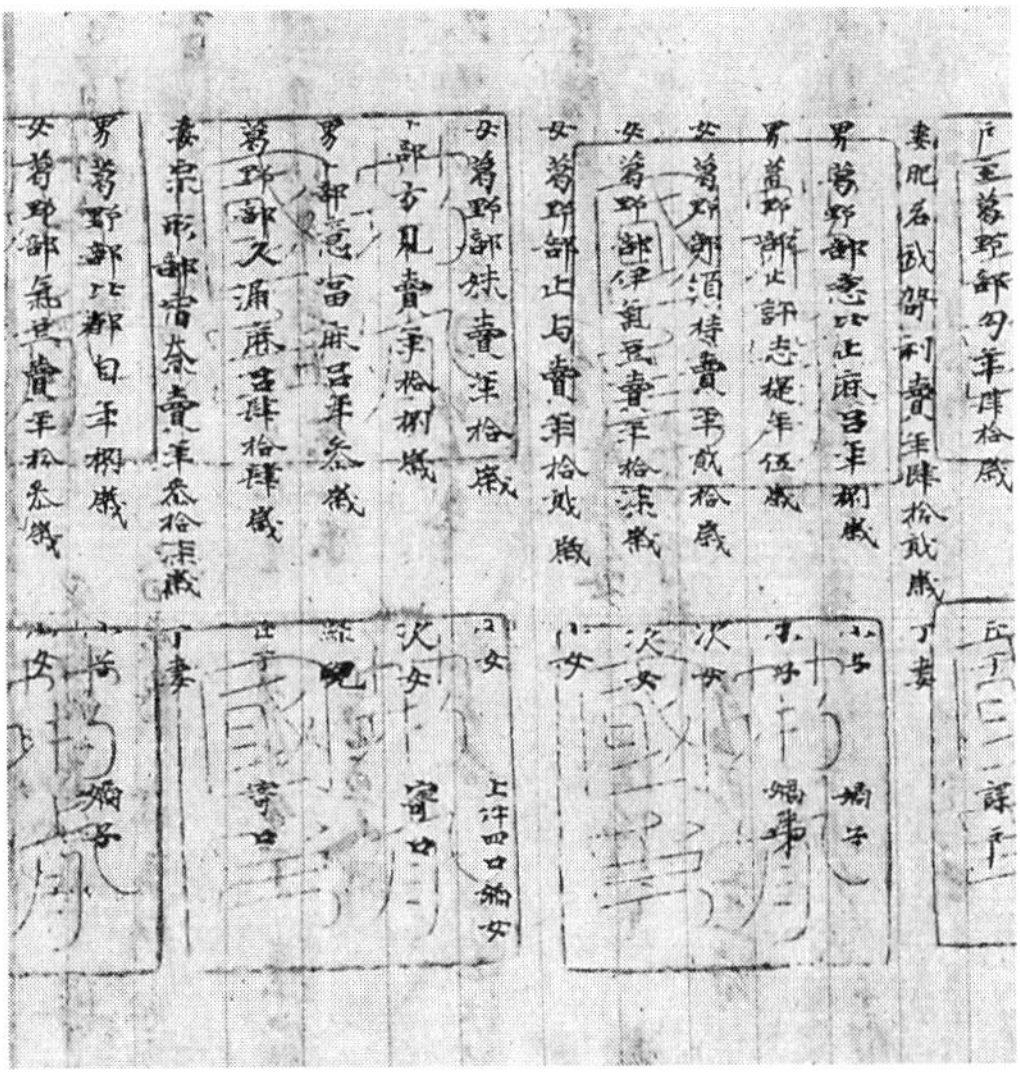

図12　大宝２年筑前国嶋郡川辺里戸籍（正倉院宝物）

田租の徴収と備蓄

人々は、支給された面積一段《たん》（約一一アール）あたり二束《そく》二把《わ》という定額の租税＝田租《でんそ》を支払うよう定められていた。田租の負担は慶雲三年（七〇六）に一束五把に減額されるが、この田租こそ、正税の基本的財源の一つであった。もう一つの財源の柱が出挙で、田租と出挙の二大財源によって支えられる正税は、古代日本の諸国に広く蓄積されていた。

遠江国《とおとうみ》（現在の静岡県）浜名《はまな》郡の輸租帳《ゆそちょう》という史料が正倉院文書《しょうそういんもんじょ》として残されている。天平一二（七四〇）年度のものだが、この帳簿には、浜名郡内にある水田の面積がすべて計上されている。計上された田は現在耕作可能な田（堪佃田《かんでんでん》）なのか、それとも耕作不可能な荒廃した田（不堪佃田《ふかんでんでん》）なのか、また堪佃田である場合は、田租を負担する輸租田《ゆそでん》なのか、それとも田租を免除されている不輸租田《ふゆそでん》なのか、あるいは無主につき地子《じし》を負担する輸地子田《ゆじしでん》なのかで分類されていた。この輸租田の面積一段あたりに一束五把を掛け合わせれば、浜名郡全体の負担すべき田租が算定できる。

この年の浜名郡は風害を受けたらしい。律令の定めによれば、風害に限らず、日照りや洪水、害虫、霜《しも》などによって田地が損なわれ、収穫できなかった場合には、その損なわれた田＝損田《そんでん》の面積に応じて田租が全免された。つまり、田租は収穫を得られた田にしか課税されない。さらに、ある戸の損田の面積が、その戸で耕作している田全体の五〇％を上回った場合には、収穫を得られなかった田の分の田租だけでなく、収穫できた田の分の田租まですべてが免除された。

当時の不安定な農業事情に応じて、田租にはさまざまな免除措置が講じられていたし、そもそも一段あたり一束五把という課税額も、一段の田から得られる標準収穫量と見なされていた分量の三％に過ぎなかった。

それでも、律令国家にとって正税は、重要な国家財源であると同時に、飢饉などが起きた時の救恤《きゅうじゅつ》財源として、着実な蓄積を図られていた。当時の政府は、正税の蓄積をとおして、不安定な農業のリスクに備えようとしていたのである。

コメ中心の経済

戸籍によって全「国民」を把握し、一定年齢に達したすべての人々に田を班給《し》し、さらに耕作面積あたり一律の租税を吸い上げる、それが日本の古代国家の布いた田地支配体制である。地方の国や郡の財源は正税に依存していたから、その収支はコメ立てで計算された。コメは支配の体系にも財政の体系にも深く浸透し、古代国家を規定する主因となっていた。

数ある作物のなかでコメが選ばれた理由はいろいろあるが、まず、長期の保存が可能であることが挙げられるだろう。この性格をもつ作物は、飢饉などいざという時に備えやすい。また、食料の価値が切実に高い古代社会において、減価償却を比較的低めに抑えられる財となる。

コメの「財産」としての価値は、コメがもつ計量しやすいという性質によってさらに高

図13　復元された奈良・平安時代の高床倉庫
（伊場遺跡，浜松市博物館提供）

められている。コメの保存は、主に稲穂の状態である「穎稲《えいとう》」という形と、籾殻《もみがら》がついたままの米粒の状態である「稲《とう》穀《こく》」として保存されるものがあるが、特に後者の稲穀は保存に適した形態だった。

倉の中に保存されたコメというと、現代の我々は江戸時代の絵画によく現れる米俵を連想してしまうが、古代のコメの保存は少し違う。高床倉庫の中に収められていたのは米俵ではなく、むき出しの稲穀であった。高床倉庫は巨大な米櫃《こめびつ》のようなものだと考えていただければよい。倉の中に入っているコメの量は、倉の底面積とコメの積み高で大まかに計算することができた。コメという財源が今どれだけ蓄積されているか、またどれだけ消費されたか、わざわざ升《ます》で量らなくても、おおよその量が計算できるようになっていたのである。

貯蓄財としてだけでなく、投資財としてもコメは優秀だった。うまく栽培できれば一粒のタネから何倍もの収穫を見込むことができる。出挙が、五割や一〇割はあたりまえという高い利子をともなうのは、コメのもつ収量パフォーマンスの高さによっていたからである。先にも触れたように、古代社会においては、古くから、出挙によって得られる利子を財源とする予算が組まれてすらいた。元本を減らさないように運用しながら、その利子で特定の予算を賄うという制度が存在し、列島各地で広範に実行されていたのである。

現代の我々にとって特に身近な借り入れは奨学金や不動産売買時のローンだが、一生にそう何度もするものではない。利子も五割や一〇割に比べればはるかに低率である。一方、古代の人々にとって、出挙は日常に属する。彼らは、現代の我々とは感覚の異なるコメの経済の世界で生きていたのである。

当時の政府はたびたび、コメの長期保存の可能性を強調し、コメを貯めておけば水害や日照りも怖くないのだと力説している。貯められた正税はしばしば賑給《しんごう》の財源ともなったから、まったくの嘘をいっているわけではないが、その背後には、コメの収益性に依存する財政構造があったことも忘れてはいけないだろう。

このように魅力的なコメであったから、政府は積極的にコメの栽培を推奨した。養老六年（七二二）に発令された百万町歩《ひゃくまんちょうぶ》の開墾計画（『続日本紀』）は有名である。法令の文脈から、東北の軍事要地を中心に開発していくことを見込んでいたとみられている。この「百万町」という面積は、列島全域の水田面積を倍以上にしようというほどの数値なので、本気で実行に移すつもりだったのか、学界の見解は消極に傾いているようである。もっとも、このような法外な数値が出てくる点には、当時の政府が東北「蝦夷《えみし》」の地を開拓のフロンティアとして強く期待していた様子もうかがえる。

コメ依存とそのリスク

日本の前近代の産業を、コメ優位、コメ第一なものであるとする見方については、網野善彦氏らによる有名な批判があり、研究史上、大きな意義をもつ。ただし近年では、吉野秋二氏によって、古代の食の構造としてやはりコメへの強い依存があったことが改めて証明されており（『古代の食生活』）、議論は相対化されつつある。吉野氏は、日本古代における食の身分構造として、「身分の低いものほど、食事における米の比重が大きい」という簡明な結論を示し、身分の高いものほど多数の「おかず」を食べられたのだと説明している。少なくとも古代は、一般民衆にコメを食わせない世界ではなかった。コメ以外の「おかず」を豊富に取り揃えられることが身分の高さの証であり、そうでない人々は、「コメを食べるしかなかった」のである。

このようなコメ尊重、偏重は、しかし、社会の不安定性を高める一面もある。かの「ジャガイモ飢饉」は、低所得者層によるジャガイモへの強い食料依存を一因としていた。特定の作物への依存はリスクなのである。

コメ社会の「持続可能性」

現代でも、持続可能な社会に必須の要素として「多様性」が挙げられる。これは、さまざまな人間の個性や生物の種属を尊重しましょうといった、単なる人道的は話ではなく、この未来予測がきわめて困難な社会では今後何が適応して生き延びられるかわからないのだから、さまざまな保険をかけておきましょうという、合理的な生存戦略でもある。そうした発想が古代に自覚されていたわけではないが、いくつかの類似する対処方法は試みられていたようである。

その一つが品種管理であった。「早稲」と「晩稲《おくて》」の区別があったことは、史料上確実である。現代では、早稲というと、播種《はしゅ》から収穫までの期間が短い、つまり成長の速い品種を指すことが多いようだが、古代の場合は収穫時期だけが問題とされていた（『令集解』田令2田租条）。播種から収穫までの期間はいずれも三ヶ月が想定されており（『令集解』仮寧令1給休仮条)、収穫までの期間の長短で区別する意識は確認できない。この早稲と晩稲の選別は、「国土」や「土宜《とぎ》」、つまりは各土地の気候に合わせて選ぶもので、栽培地の風土に合わせた品種選びという性格が強いようである。

もっとも、ある土地には早稲を、またある土地には晩稲だけを播種するというものではなく、同じ地域で早稲と晩稲を両方栽培することも行われていた。延暦一七年(七九八)、出挙の稲は脱穀して納めるよう命令が下されていたが、翌一八年には、すべて脱穀してしまうと早稲と晩稲の種子の弁別ができなくなるという理由で、元本にあたる分については脱穀せず、穎稲のままで回収するよう改められている(『類聚三代格』巻八不動々用事、大同元年八月二五日太政官符)。脱穀してしまうと種子の区別がつきにくい、というのは、脱穀どころか精米された米ばかり見ている現代の我々には少し理解しにくいところがあるが、実は稲穂の姿はかなり多様で、色や芒《のぎ》の様子など、見分けるポイントが豊富にあった。こうした品種の区別は、どこまで意図されていたかは別として、災害などに備えたリスク分散として機能しえただろう。

さらに近年では、種子札《たねふだ》と呼ばれる種類の木簡が出土したことによって、古代にもかなり精緻な種子管理がなされていたことがわかってきた(平川南「種子札と古代の稲作」『古代地方木簡の研究』吉川弘文館、二〇〇三年、初出一九九九年）。奈良時代や平安時代の遺跡から、「畔越《あぜこし》」や「足張《すくはり》」と書かれた木簡が出土していたが、これらが江戸時代の農書である『清良記《せいりようき》』にも登場する、稲の品種にほかならないことが解明されたのである。

こうした農業上の工夫は、木簡という新史料の登場も手伝って、近年、注目を集めている分野である。

コメ以外の栽培とその限界

さらに、陸田《りくでん》という、雑穀などを育てるための田、現代の感覚でいうと畑の一種だが、これを作ることもしばしば推奨されていた。粟《あわ》や麦などを中心に、大豆《だいず》や小豆《あずき》、さらに蕎麦《そば》（当時、まだ麺類のソバは存在しない）の栽培が奨励されたこともある。栽培を奨励する雑穀の選定にあたっては、各時期の

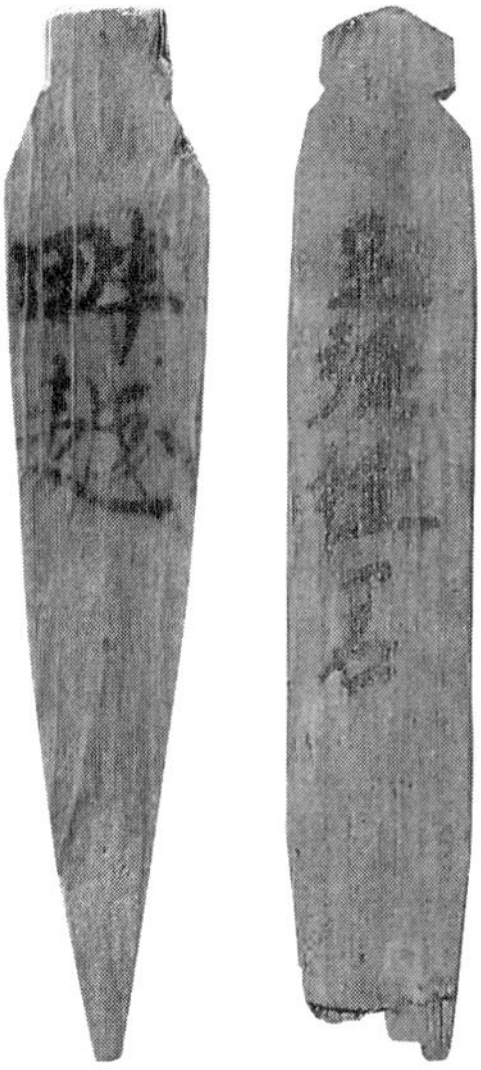

図14　稲の品種が書かれた木簡（左：上高田遺跡出土「畔越」木簡，山形県所蔵，右：矢玉遺跡出土「足張」木簡，福島県会津若松市教育委員会所蔵）

温暖化、寒冷化に応じて、適した作物を見極めていたとの意見もある（田中禎昭「日本古代における気候変動と国家―八世紀初頭の災害対策―」『専修総合科学研究』二九、二〇二一年）。

もっとも、こうした陸田政策には、これを推奨する政府みずからが設定した限界もあった。水田確保が優先だったのである。水田だった土地を陸田として土地利用することは厳に禁止されていた（『類聚三代格』巻八農桑事、承和七年五月二日太政官符）。

このような稲作への依存は、古代社会にどのようなリスクを背負わせることになったのだろうか。飢饉との関係からみていこう。

疫病が起こす飢饉

日本でも、天平の疫病は飢饉が原因であるという見解が『続日本紀』の記述からうかがえた。また、天平宝字の疫病では、飢饉と疫病の相関関係が実によく反映されている。この時期には、六国史上、最も飢饉の記事が集中しているのだが、その飢饉発生地域と疫病発生地域はよく一致していた。

さらに天平宝字の疫病の場合、疫病の後に飢饉が発生し、さらに疫病が発生するという連鎖関係が確認できる。つまり古代日本の場合、飢饉→疫病という現象だけでなく、疫病→飢饉、つまり疫病の発生が飢饉を呼び込む事態もしばしば起こっていたのである。

このような飢饉と疫病の連鎖が発生する背景を語ってくれるのが天平八年（七三六）の史料である（『続日本紀』天平八年十月戊辰条）。おりしも天平七年の疫病が収束し、まだ天平九年の疫病発生は予想もされていなかったであろう小康状態の時期のこと、大宰府管内の諸国では、公共事業が何かと多く、ために労役に駆り出されることが多かったという。さらに去年の冬の疫病によって皆苦しめられたために、農業は廃《すた》れ、おかげで五穀《ごこく》も実らないという状態だった。そこで今年の大宰府管内諸国の田租はすべて免除しよう、ということになるのだが、注目したいのは、疫病によって人々が病に倒れたことと、農業が廃れることに相関関係があると認識されている点である。

イネを栽培するための土地である水田は、ただ耕せば出来上がるというものではなく、水路やため池などの灌漑《かんがい》設備を必要とする。したがって、開発も維持も容易ではない。家庭菜園は作れても、家庭水田はそう簡単に作れるものではないことを想起してもらえばよい。水田とは、設備と人力を持続的かつ多量に投入することによってようやく成立し、維持されうる用益形態なのである。

その人力が疫病によって失われたらどうなるだろうか。古代はただでさえ農業技術が未熟なので、生産力が人力に依存する部分は大きい。夏場の除草も満足にできず、灌漑設備の維持管理にあたる人間も不足するとなれば、水田生産力の低下は免れない。つまり、疫病による労働力の欠乏が水田の荒廃を生み、これが次なる飢饉を引き起こし、さらに疫病を呼び込んでいくという悪循環が起こりやすかったのである。

古代の政府は、戸籍制度とこれに支えられる班田収授の制度とによって直接把握した全国民を、貴族から奴婢にいたるまですべて（建前上は）農民とするシステムを作り上げていた。貴族の女子が班田収授でわずかな口分田をもらったところで何の役に立つのか、という理由で、平安時代以降は口分田支給対象から外れていったりもするが、逆にいえばそれ以前は、あらゆる「日本国民」は口分田をもらい、それを耕す農民であるという建前が存在したということである。日本の古代の政府はある種、極端に農本主義に偏った建前を掲げていた。その建前が、飢饉と疫病とをきわめて密接に結びつけていくのである。

耕作不能の田の増加

弘仁一〇年（八一九）から仁寿《にんじゅ》四年（八五四）にかけての時期に、諸国から報告される疫病の死者数が実態をともなわなくなっていくという話を先にしたが、同時に実態を失っていったものとして、「不堪佃田」を挙げることができる。不堪佃田というのは、もともと水田として用益されていたのに、何らかの理由で作付けができなくなってしまった土地のことである。当時の国司たちは、自国の田における不堪佃田を大量に報告し、その面積に応じた租《そ》の納入義務を逃れようとしていた。政府側は、報告が過大であるとして、実態に即した報告をするよう命令している。

不堪佃田と並んで、実態からの乖離《かいり》が問題とされる田に「損田」があった。損田というのは、日照りや洪水などで作物が被害を受け、収穫できなかった土地を指す。不堪佃田と違って、損田は、作付け自体はできた土地であり、今年は収穫できなかったに過ぎない。もちろん、被害の状況によっては、損田も翌年以降に不堪佃田に転落する危険性を秘めているが、一応、収穫不能が一時的なのが損田、永続的なのが不堪佃田ということができる。

永続的な収穫不能状態に陥った場合、これを復活させることは容易ではない。すでに述べてきたように、水田は開発に多くの人力投入を要するからである。

九世紀前葉から半ばにかけて、不堪佃田の過大報告が増えていると政府は認識しており、そしてそれは事実なのだろうが、単純に国司のモラルが低下したと考えるよりは、やはり一定の不堪佃田化が実際に進行しており、これが増幅されて報告されていたと考えた方が実態には近いだろう。

この時期に不堪佃田化が広がった背景には、気候不順があったとの指摘もあるが、気候不順によって発生するのはまず損田である。特にこの時代に不堪佃田化が進んだ理由としては、八世紀以来の農業政策を想定する必要がある。

先にみたとおり、八世紀の政府は、田地の開発を積極的に奨励していた。養老六年（七二二）の百万町歩の開墾計画、同七年の三世一身法《さんぜいっしんのほう》、天平一五年（七四三）の墾田永年私財法《こんでんえいねんしざいほう》は有名である。墾田永年私財法は、自分で開発した田の永年用益権を開発者だけでなくその子孫にまで与えるというもので、いわゆる公地公民に反する非律令的な法令だとする解釈もある一方、現在では、開発奨励による田租収入の増加を狙ったものとして積極的に評価されることも多い（吉田孝「墾田永年私財法の基礎的研究」『律令国家と古代の社会』初出一九六七年）。その背景には、疫病によって打撃を受けた財政を立て直そうという意図があったとの評価も、近年にわかに注目されてきている（吉川真司『天皇の歴史2　聖武天皇と仏都平城京』）。

ところで、ある土地を田地として用益しようとする場合、これには適・不適があるから、田地の開発を進めれば進めるほど、本来田地としては不適な土地を、無理に田地利用しているという状態が広がっていく。抜本的な農業技術の改革がなければ、無理は蓄積する一方であろう。政府による水田開発は、この無理の蓄積の歴史だったと評価することも可能である。

天平宝字七年（七六三）には、ほんの一〇日ほどの日照りや、わずか数日の雨を被っただけでも、たちどころに農業が被害を受ける状況が指摘されている（『類聚三代格』巻七牧宰事、天平宝字七年九月一日勅）。これは国司や郡司が適切な時期に堤防を修理していないからだと糾弾されているが、精緻なインフラ設備がともなわなければ維持できないという、自然災害に対しての脆弱さが、いよいよ露呈している様子もうかがえるだろう。

こうした累卵《るいらん》の状態を直撃したのが、八世紀前葉から中葉にかけての疫病間発である。この時期の疫病については改めて詳しくみていくが、繰り返し述べてきたように、田地の維持開発には人力の持続的投入が不可欠であるから、この人力の持続的投入という条件が疫病によって失われれば、不堪佃田化が進むのは当然といえる。九世紀前葉から中葉にかけて、疫死者数の過大報告と不堪佃田の過大報告が同時に進んでいくのは、おそらく偶然ではない。古代の疫病の惨禍は、当時の産業構造と絡まり合いながら深刻化していったのである。

信仰と感染の観念

禊の文化が疫病を防ぐ?

古代の疫病を規定する構造は、生産・経済面だけでなく、信仰・文化面からも種々論じられる。

信仰と疫病の関係はデリケートな問題である。ある特定の信仰文化をもつことが、その文化圏における疫病の流行のしやすさ・しにくさを決定している、という主張はよくなされてきた。それは科学的に一定の蓋然性が見込めるものから、何ら根拠のないものまでさまざまである。

たとえば、コロナ禍と向き合った日本では、インターネット上を中心に、「日本には禊《みそぎ》の文化があるから疫病に強い」という言説がまことしやかに広められていたことがある。

特に二〇二〇年、諸外国に比べて日本の感染者数・死者数が圧倒的に少なかったころは、「なぜ日本では感染が小規模で済んだのか」という疑問に対する答えとして、広範に流布していた。二〇二一年春、日本の新規感染者数は周辺諸地域に比べて圧倒的多数を記録するようになると、「日本は外国に比べて感染症が流行しにくい」という文脈で語られることは少なくなったようだが、それでも完全になりを潜めるにはいたっていない。

それでは、禊は疫病対策として有効といえるだろうか。二〇二一年三月一一日付けAFP通信のネットニュースに、次のような見出しの記事が掲載された。「ガンジス川で数十万人が沐浴《もくよく》　インド」。

記事によると、ヒンズー教の祭「クンブメーラ」の一環として、数十万人の巡礼者がガンジス川に押し寄せ、沐浴を行ったという。クンブメーラは数週間に及ぶ大祭だが、三月一一日は特に縁起のいい沐浴日の一つなのだそうだ。同記事は巡礼者の言葉として、新型コロナウイルス感染症の流行は恐れていないし、みんな自由に動き回っている。インドはすでにこの感染症に打ち勝った。何も心配すべきことはない、というコメントも掲載していた。

確かに当時のインドでは、新型コロナウイルスの感染者数は小康状態を迎えていた。二〇二〇年九月の最初のピーク以来、感染者数は減少の一途をたどっていたといってよい。しかし、ＡＦＰ通信が同記事を掲載したまさにその三月、インドを新型コロナウイルス感染症流行の第二波が襲い、五月上旬には一日あたりの新規感染者数は四〇万人、死者は四〇〇〇人を越えるにいたる。第二波の要因は、インド政府がクンブメーラ開催を止められなかったことにあるという見立てが有力である。

ヒンズー教信仰をもたない人が多い日本人がこのニュースを聞けば、冷笑する向きもあるかもしれない。しかし、日本はこれをあまり笑えないのではなかろうか。というのも、日本の禊も一種の沐浴にほかならないからである。

日本古来の禊の文化が疫病に有効である、ということを証明する有効なデータは存在しない。逆に、禊が疫病に対して負の影響を与えうる可能性なら指摘することは容易である。平安時代の中期には、禊の実施場所として鴨川《かもがわ》がよく選ばれていたことが確認できる。今でこそ風光明媚な川だが、当時の鴨川はどのような川だっただろうか。

承和九年（八四二）一〇月、同年七月に発生したいわゆる承和《じょうわ》の変《へん》による混乱が少し落ち着いたころ、時の天皇である仁明《にんみょう》天皇は、平安京の行政一般を司る左右京職《さうきょうしき》と救護施設である東西悲田院《ひでんいん》に命令を下し、必要物資を支給したうえで、鴨河原周辺に散乱していた髑髏《どくろ》五千五百あまりを焼いて埋葬させた（『続日本後紀』）。当時は疫病と飢饉が頻発していた時代である。承和九年はやや小康を得ていた時期で、その隙を縫って埋葬が実施に移されたのだった。五千五百という凄まじい遺体の数は、承和九年時点の世相を映したものであり、常にこれほどの遺体が鴨川に散乱していたわけではなかろうが、そこは死体の集まる場所であり、決して清浄清潔な空間ではなかったのである。近代公衆衛生に照らして考えるなら、このような場所では、禊などしない方がよほど清潔であろう。

穢れの忌避と疫病の関係

もう一つ、日本古来の防疫意識あるいは衛生観念を示すものとして取り上げられることが多い事象がある。穢《けが》れの忌避《きひ》である。穢れという観念は、疫病感染への恐怖から生まれたとも考えられている（今津勝紀「脚夫・乞食・死穢」同『日本古代の環境と社会』初出二〇一九年）。

そもそも穢れとは何だろうか。この概念は、多文化比較のなかで論じられてきた歴史があり、文化を越えて忌避される不浄や無秩序状態の総体として捉えられている。ただし、こうした越境的研究方法は、研究対象の曖昧化を招いた側面があるとも指摘されており、近年では、日本古代史料に即して穢れとは何かを議論する「狭義の穢れ」研究も構築されてきている。時代・文化を越えて存在する広義の不浄観と、日本古代の人々が穢れと呼んでいた対象をいったん分離し、後者について分析すると、意外と後者の範囲はかなり狭いことがわかってきている。

三橋正氏の研究によれば、平安時代の貴族たちがひどく忌避した穢れは、式と呼ばれる律令の施行細則集整備の過程で九世紀初頭から段階的に形成され、一〇世紀の『延喜式』として集大成される概念である（三橋正『日本古代神祇制度の形成と展開』法蔵館、二〇一〇年、初出一九八九年）。ここでいう穢れは、神によって忌避され、祭祀執行を妨げるものと観念される。穢れが発生していることに気づかずに祭祀を執行すれば、神の祟《たた》りを招くと考えられていた。つまり、穢れを忌避するのは人間ではなく神であり、また人間の恐怖の対象は穢れそのものではなく、穢れによって惹き起こされる神の祟りだった。これを避けるために、人為的・制度的に設定された禁忌《きんき》の体系が狭義の穢れである。

したがって、この穢れには、単なる不浄観とは異なるいくつかの特徴がある。まず、この穢れは祓《はらえ》によって解除することができず、時間経過による消滅を待つしかない。消滅期間は穢れの原因によって異なり、たとえば「死穢《しえ》」と呼ばれる人間の遺体により発生する穢れは三〇日の期間を要する。また、死穢と呼ばれているものの、そこで忌避の対象となっているのは死そのものではなく遺体であるという点も特徴である。三橋氏はその証拠として、穢れ発生の起点が死の瞬間ではなく、遺体発見時からであるという事実を挙げている。

目下の問題である病や疫病に即していうと、病人そのものが穢れと認定されることはない。病人が病死して死穢に転じるリスクの面のみが問題となる。平安貴族が忌避した穢れと、疫病忌避との間には大きな断絶がある。

穢れの処理の仕方として、一例を挙げよう。醍醐《だいご》天皇（在位八九七～九三〇年）が残した日記の逸文《いつぶん》に次のような話が出てくる（『西宮記《さいきゅうき》』賀茂祭裏書）。延喜《えんぎ》八年（九〇八）四月一七日のこと、醍醐天皇は、斎王《さいおう》（賀茂神社《かもじんじゃ》に奉仕する皇女《こうじょ》）が禊を行う場所で木工寮《もくりょう》の工《たくみ》（職人）が変死しているのが見つかった、との報を受ける。毎年恒例の賀茂祭《かものまつり》（現代では斎王行列が葵祭《あおいまつり》として有名）に際しては、賀茂斎王が鴨川の河原で禊をする儀式が実施されるのだが、その設営中の出来事だった。翌日になって、昨日の死穢について詳しい報告が寄せられ、禊祭《けいさい》の場に出入りしたものが死穢に触れたと判断すべきか否か、醍醐天皇は裁定を求められた。天皇の返事はこうである。「死穢の場所は設営所の幕の外だったのだろう。幕の外には河原が広がっているばかりだが、この河原というものには、家屋と違って、どこからどこまでが何といった境界は存在しない。もともと境界のない河原を区切って、ここからは穢れと認定することなどできるはずもない。だから今回のケースでは、穢れと認定する必要はない」。そして、近辺の幄《とばり》や幕だけは念のため取り替えるという措置がとられた。たとえ禊を行う場所の至近距離で人が死んでいても、設営所の幕という区画の外であれば、穢れとは認定されなかったのである。

では、狭義の穢れが成立する以前はどうだったのだろうか。もともと八世紀の段階から、神祀りの場は清浄でなくてはならず、祀りのための斎戒《さいかい》期間中には「穢悪《えお》」のことに関わってはならないと律令に定められていた（神祇令11散斎条）。天平一〇年（七三八）に成立した「古記《こき》」と呼ばれる律令注釈書は、穢悪とは生産婦を指すと解釈している。同じ条文には、弔問《ちょうもん》、病人の見舞い、食肉、裁判の判決、刑罰の執行、音楽の演奏も同列に禁じられていた。このうち食肉の禁止以外は、日本の律令の母法である唐《とう》の律令の禁止規定をそのまま受け継いだものである。禁止の対象として、病人そのものではないが、病人の見舞いが挙げられていた。

以上の律令の規定は式に定められた穢れ規定の淵源とみられている。しかし、病人見舞いの禁止は結局狭義の穢れの体系に組み込まれていくことはなかった。

狭義の「穢れ」の体系は、病人そのものを忌避しないという点において、疫病忌避との間には断絶がある。また、穢れそのものが人々の恐怖の対象となるわけでもない。穢れは、祭祀の円滑な執行という必要上、制度的・自律的に編み出されたものであり、疫病に対する畏怖の念という強烈な感情との間に、単純な継承関係を想定することは難しい。

経験的な感染の観念

ただし、穢れには、これに触れたものから伝染すると考えられていたという点において、外形上、疫病の感染に近い性質も帯びているようにみえる。この共通点をどのように考えればよいのだろうか。そこでまずは、穢れからいったん離れて、当時の疫病感染にかかる観念がどのようなものであったかを詳しくみていきたい。

古代日本でも、疫病の原因論として、感染に相当する考え方は間違いなくあった。すでに八世紀には日本にもたらされていた辞書において、疫病に感染という性質を見いだす定義があるのは前述のとおりである。

また、弘仁一三年（八二二）には、病人看護を推奨し、多数の病人を看護したものには報償を与えるとした法令が発出されているが（『類聚三代格』巻一七募賞事、弘仁一三年三月二六日太政官符）、この発令には、次のような事情があった。村里のなかで疫病が発生すると、一家全員が病臥し、そのまま残らず亡くなってしまうこともある。こうした状況下では、その近隣の人々は「移染《いせん》」するからと言って、病人の出た家には決して近づかないようにする。近親ですら同様であった。その結果、病人たちは、水が欲しいと思っても口に含ませてくれる人はなく、何か食べたいと思ってもその思いを遂げることなく、次々と死んでいくという。ここでは「移染」という言葉が使われているが、同時期にはこれを「染《せん》着《ちゃく》」と表現している史料もある（『類聚三代格』巻一七募賞事、天長《てんちょう》七年四月二九日太政官符）。「移染」にせよ「染着」にせよ、病人から病が伝染して疫病が広がるという感染の観念が当時の人々に共有されていたことを示す言葉であろう。

前者は大宰府管内、つまり九州地方のこととされており、後者は陸奥《むつ》・出羽《でわ》両国、つまり東北地方一帯のことだというから、感染の観念は、九世紀前葉当時の日本の版図全体を覆う認識として根づいていたといってよい。当時の人々は、病気には感染するものがあるという認識を、おそらくは経験的に獲得していたのである（拙稿「日本古代の疫病とマクニール・モデル」『史林』一〇三―一、二〇二〇年）。

疫病回避の方法

こうした疫病忌避については、八世紀にも遡って確認できると指摘されている（坂江渉「日本古代の「在路飢病者」と地方寺院」『歴史評論』

八五四、二〇二一年)。天平の疫病がようやく終息した翌年にあたる天平一〇年(七三八)のこと(『類聚三代格』巻七牧宰事、弘仁五年六月二三日太政官符所引天平一〇年五月二八日格)、国司たちが任国赴任中に滞在する館舎を好き勝手に新築しているというので、それを戒める法令が発出された。館舎の新築には任地の人々を動員する必要があり、彼らの負担になるので、むやみに新築してはいけないという禁令である。国司たちがこのような行動に出る事情としては、「儻《も》し一人なりとも病死有らば、諱《い》み悪《にく》みて居住を肯《がえ》んぜず」、つまり館舎内で一人でも病死したものがあればこの館舎を忌避して住もうとはせず、新しい館舎を建てようとするのだと説明されている。神事との連関がとくに想定されておらず、またその忌避が半永久的であるという点において、後世の死穢忌避とは明らかに性質を異にしており、疫病への感染忌避であるとみてよいだろう。

天平一〇年の場合、回避のパターンは、病人の出た「館舎」を避けるという形をとった。また弘仁一三年の場合は、「往来」を避け、天長七年の場合は「至問《しもん》」をしないと言っている。弘仁一三年の太政官符と天長七年の太政官符はきわめて酷似した文章構成をしており、後者は前者を下書きにして作成された文章であると考えられるから、「往来」と「至問」はほぼ同じ意味で使用されている言葉であろう。「往来」は行ったり来たりすること、

「至問」はどこかを訪れて様子を問うことである。どこへ「往来」あるいは「至問」することを避けるのか。病人の発生した家である。

つまり、当時の感染忌避には、病人の出た「家」を避けるという回避パターンが見いだせる。弘仁一三年の法令が明解に語るように、疫病感染回避の動きが発生する端緒には、疫病による「一家全滅」という無残な経験知が横たわっていた。当時の感染忌避は、病人との接触そのものより、「家」という空間の共有を避けるという形で表面化していたと定義づけることが可能である。

そして空間共有の忌避というパターンこそ、穢れとの共通項でもある。醍醐天皇の日記でも、禊祭設営所の幕内という区域が意識されており、河原は空間を仕切ることができないという理由で穢れとは無縁であった。

以上の点から、しばしば一家全滅をもたらしてきた疫病の体験が、空間共有に対する忌避の規範を生み出し、その規範が穢れ回避の作法にも投影されていると推論することは可能であろう。

では、こうした感染忌避はいつごろから生まれていたのだろうか。従来注目されてきた史料は、大化《たいか》二年（六四六）の愚俗《ぐぞく》禁断の詔（『日本書紀』大化二年三月甲申条）である。役《えき》民《みん》（労役に徴発された人々）が帰郷する道中に、さまざまな理由で強制的に「祓除《はらえ》」をさせられるという「愚かな風俗」が存在したため、これを禁断した命令である。祓除は、執行にあたって一定の財物を差し出すという手続きをともなうため、祓除の強要とは一種の財物収奪でもあった。

この「愚かな風俗」の一つとして、次のような習俗が語られている。帰郷の道中で発病し、路頭で死ぬものがいた場合、その路頭の家のものが出てきて、「どうして私の路で人を死なせたのだ」といって、病死者の同行者に祓除を強要する。そのため同行者たちは、たとえ病死したのが自分の兄弟であっても、遺体を引き取ることもなく、知らぬ顔で逃げてしまうのだという。

ここでは病死人が祓除強要の条件となっているため、感染が忌避されているようにもみえる。しかし、この愚俗禁断詔では、同様のケースとして、①役民が溺死《できし》した時、その川を通りがかったものによる祓除強要、②役民が炊飯した時、炊飯した場所の家のものによる祓除強要、③役民が炊飯具を借りてその炊飯具を誤ってひっくり返してしまった時、その炊飯具の持ち主による祓除強要といった事態への言及があり、特別に病が忌避されているわけではない。しかも、祓除強要にこだわった結果、同行者たちが死体を置いて逃げるという事態を招いてしまっている。ここからうかがえるのは、疫病感染に怯える人々ではなく、何かと理由を付けては通行人から財物を巻き上げようとするたくましい人々の姿ではなかろうか。

疫病感染に対する回避行動の基礎パターンを明確に示す史料としては、やはり天平一〇年の法令を第一に挙げるべきなのだろう。天平の疫病は未曽有の疫病であったから、人々の感染の観念にも一定の影響を与え、感染回避の様式を磨いた可能性もある。ただし、疫病による一家全滅という現象は、これ以前にも存在したはずであるから、天平の大疫病以前に、疫病の回避作法が生まれていなかったのか、なお慎重な検討を要する。

生存戦略としての防疫

病人の看護放棄は、現代の倫理観に照らせば決して許されることではない。ただ、生存条件の限られていた当時にあっては、きわめて過酷な選択によって、疫病の流行を食い止め、懸命に生存を確保せざるをえない場面もあった。

では、こうした人々の行動を、政府はどのように受け止めていたのか。弘仁一三年の法令の続きをみてみよう。政府の主張はこうである。人の寿命はあらかじめ決まっているし、思いやりのある良い行いには必ず良い報いがある。良い行い、つまり病人の看護をしておきながら、疫病に感染するなどという悪い報いを受けるわけはない。民は愚かだから、このような惑った行動をするのだ。実に不合理である。

行状《ぎょうじょう》の善悪にかかわらず、疫病は感染するものである、という現代の考え方からすれば、政府の言い分こそ不合理に響くかもしれない。しかし、当時の常識に照らせば、政府の言い分には一定の合理性があった。当時の日本の為政者にとって、倫理的支柱は儒教《じゅきょう》と仏教である。儒教思想のもとでは、親族間の思いやりある行動がきわめて重視されていたから、病の親族を見捨てるような行動は禽獣《けもの》に異ならない行いとして断罪されるのが当然ということになる。また、仏教には応報の観念があり、良い行いには良い報い、悪い行いには悪い報いがあると論じられていた。『日本霊異記《にほんりょういき》』は、奈良時代から平安時代初期にかけて都鄙間を往来した僧侶たちが、各地の法会で説法をした時の法話集であるとみられているが（鈴木景二「都鄙間交通と在地秩序—奈良・平安初期の仏教を素材として—」『日本史研究』三七九、一九九四年）、その法話集の目的は、応報の観念を人々に説くところにあった。『日本霊異記』の正式名称は、その名も『日本国現報善悪霊異記《にほんこくげんぽうぜんあくりょういき》』である。応報の観念を常識とする立場からすれば、看病の結果として病となることを恐れるなど、惑い以外の何者でもなかったのである。

庶民が過酷な選択の末に選び取った生存戦略を、時の為政者は「愚かな民の惑い」という言葉で一刀のもとに斬り捨てた。ただし、疫病に怯える人々に単純な看護強要をしたわけではない。大宰府の官人や国司たちに対し、人々に教諭を加え看護するよう促すだけでなく、看護したものには報償を与えるよう指示したのである。具体的には、看護にあたったものにはその人数に応じて位階《いかい》を与え、また富豪な人々が私物で飢人や病人に施しをした場合にも位階を授けるとしている。

防疫と倫理

疫病発生時の隔離は対策として有効だが、それが病人への補給を絶つようなものであれば、病人をただ遺棄するだけの結果となる。中世ヨーロッパでペストが大流行した時にも、家族が病人を遺棄して避難するという事態は頻繁に発生した。当時の史料は、家族に見捨てられ、孤独に死を待つばかりとなった人々の悲痛な叫びを伝えているという（クラウス・ベルクドルト『ヨーロッパの黒死病』）。

専門の医療機関などほとんどない時代、親族は看護の担い手としてまず第一に重要だったと先に述べた。環境厳しい古代において、生存を確保するための手段として、近親の存在は特筆すべきものだっただろう。しかし疫病は、その生存確保の最後の砦を無残に破砕するという特質ももつ災害だったのである。

種としての生存を確保することだけが目的であれば、病人遺棄の有効性は否定できない。しかし、社会の文明化は、生存戦略と人間倫理の矛盾を呼ぶ。感染拡大のリスクを背負いつつ、政府は儒教・仏教に即した倫理を推奨した。その結果、救済されたものもいれば、逆に犠牲になったものもいただろう。

藤原四兄弟の全滅については、互いに見舞いに行ったために起こったのではないかという憶説がある名著に記されて（青木和夫『日本の歴史3　奈良の都』中公文庫、二〇〇四年、初版一九六五年）以来、人口に膾炙《かいしや》している。しかし、最初の房前《ふささき》の死から最後の宇合《うまかい》の死までの間には三ヶ月半ものタイムラグが横たわっている。四兄弟の妹で、その時には死を免れた光明子は、兄たちの見舞いに行かなかったのだろうかと附言されているが、史料上は逆で、兄弟を見舞ったとされるのは彼女が唯一である。光明子は長兄武智麻呂《むちまろ》の臨終に際し、自ら彼の屋敷を訪れて聖武天皇の言葉を伝えたという（『藤氏家伝《とうしかでん》』武智麻呂伝）。その光明子もまた、同じ疫病が四半世紀後に流行した時に亡くなったこと、前述のとおりである。もし彼女もまた同じ病に倒れたのだとすれば、五人の兄弟が犠牲になったことになる。

これもまた憶説に過ぎないのだが、藤原氏の兄弟がことごとく疫病に倒れた事情として、偶然や、兄弟であるがゆえの体質の類似以外に理由を求めるなら、この氏の開明性が指摘できるかもしれない。藤原氏は、律令法と仏教の推奨をとおして、古代国家の文明化に寄与した一族である。その開明的な思想は、疫病流行時の病人遺棄を許さず、積極的な看護を要請するものだった。光明子はらい病（ハンセン病）に感染した病人の膿《うみ》を吸い、その病人が実は仏であったというエピソードが、後世の仏教書には伝えられている（『元亨釈書《げんこうしやくしょ》』巻一八）。

病人を追い出す貴族たち

それでは、当時の為政者たちが、この儒教・仏教の精神にかなった行動規範に従っていたかというと、どうやら一般的にはそうではないようである。

弘仁四年（八一三）には、日頃からこき使っている僕隷《しもべ》を、病気になった途端に路辺に追い出す主人が問題視され、京と畿内に対して取り締まりが行われている（『類聚国史』七九禁制）。取り締まりの対象となった主人には、五位以上の貴族も含まれていた。

また、大宰府続命院《ぞくみょういん》という、病人看護を主たる機能とする院舎の設置由緒によると、大宰府管内諸国において公私の施設に寄寓する人々が、病になると追い出されていた事実が記されている（『続日本後紀』承和二年〈八三五〉一二月癸酉条）。病人の追い出しの理由としては、役所は「ここは看護施設ではない」と言って追い出したといい、また私家では死人を忌《い》んでいたという。病人の追い出しの背景に、病の感染そのものに対する忌避を想定することは難しくない。疫病感染回避は空間共有の回避という様式をとると先に説明したが、ここではその目的を達するために病人が家や役所から追い出されることになった。貴族であったり、役所であったりが、実際には病人追い出しに積極的に加担していたのである。政府の儒教・仏教に照らして合理的な公式見解は、運用面では空疎な部分を多分にもっていた。

穢れを理由に追い出す

いかに空疎であったとしても、政府の公式見解が看護を要請している以上、遺棄につながるような隔離は当時の倫理に背くことになったはずである。防疫としての病人遺棄が、当時の先進的・文化的思想によって否定されている社会でありながら、実際には感染への恐怖を人々がもっている場合、どのような事態が発生するのだろうか。しかも、最も感染症リスクの高い都周辺は、同時に文化的先進地域でもあったから、環境上は感染を最も警戒すべき人々が、倫理上は感染回避行動を取りにくいという捻《ねじ》れが発生していた状況においてである。

穢れの忌避と疫病への恐怖が結びつく契機は、ここにも求めることが可能である。つまり、疫病への恐怖を隠蔽するための手段として、穢れの忌避が利用されるという事態が想定される。

伝染する病への恐怖から病人を遺棄する行為は、非文化的で愚かな心性と見なされていた。ある貴族の目の前に、明らかに疫病に感染した僕隷がいたとする。先にみたように、こうした人々を追い出すことはしばしば行われていたが、その追い出しの口実を、「感染するのが怖いから」としてしまえば、彼らは非文化的で愚かな人間になってしまう。しかし、「このまま追い出さずにおいて死なれてしまったら、穢れに染まってしまい、公事《くじ》に支障を生じさせてしまうから」と弁明した場合はどうだろう。それは合理的な理由と見なされうる。

追い出しは家からの追放であり、感染回避の基礎パターンに則って実施された。ただし、誰もが追い出されるわけではない。家の主人や、彼／彼女によって家内にいることを許された人々は追い出されることはなかった。疫病に罹った時に家の中で死ねるということは、当時の身分構造に応じた特権だったのである。

貴族と「下人」

身分構造と疫病の連関については、平安中期以降、少し情報が多くなるので確認しておこう。この時期の疫病の史料は、基本的に都の範囲に限定されていると述べたが、都には多様な階層の人々が集住しているので、その身分構造が疫病の在り方に与えた影響も確認できる。

先に長徳《ちょうとく》の疫病の第二波についてみた時に、「下人《げにん》」と呼ばれる人々の被害に言及する史料が複数あり、相互に情報の食い違いもあることを確認したが、彼ら下人の疫病感染状況を貴族たちが気にしたのにはわけがあった。先に挙げた『栄花物語《えいがものがたり》』の場合は、下人たちの惨禍を伝えたうえで、四位・五位などの中下級貴族にも死亡者が出ていることに言及し、「今は上にあがりぬべし」、つまりさらに上の身分のものまで感染するであろうと予想して怯えている。つまり、当時の都人は、疫病は下々のものが先に感染し、そこから徐々に身分の高いものにも広がるという認識をもっていて、下人の感染状況を自分たちがいつ疫病に感染するか、そのリスクを計測する一つの指標としていたのである。

道長《みちなが》と同時代を生きた藤原実資《さねすけ》も、長和《ちょうわ》四年（一〇一五）に疫病が流行した際、五位以上の貴族たちの間で死者が十余人に及び、病臥しているものの話もよく聞くと述べたうえで、疫病が「賤《せん》より貴《き》に及ぶか」と、疫病の現況を分析している（『小右記《しょうゆうき》』長和四年六月一一日条）。その一〇〇年後の貴族である藤原宗忠《むねただ》も、嘉承《かしょう》元年（一一〇六）の疫病の大流行に際して、多くの下人が発病しているが、「未《いま》だ高きには及ばず」との観測を記している（『中右記』同年五月九日条）。

長徳四年（九九八）に疫病が発生した時には、身分の上下を問わず皆罹患したというが、身分の低い下人たちはあまり死なず、四位より下の身分のものの妻の死亡率が高かったという不思議な状況が観測されている（『日本紀略《にほんきりゃく》』長徳四年今年条）。

貴族たちは、疫病に際して、貧民を対象に施米《せまい》するなどの徳行《とくぎょう》も積んでいるが、それは下人たちとの間に厳然と存在する身分差をふまえた認識の上に成り立っているものなのである。

疫病の時代相と人々の向き合い方

奈良時代の疫病

古代の疫病の社会構造について論じてきたが、ここからはそれをふまえて疫病の歴史的展開を具体的に追っていきたい。

流行の波

大宝《たいほう》元年（七〇一）に大宝律令《りつりょう》が制定され、律令制を基軸とする国家の形は一定の完成をみるが、それから平城京に遷都するころまでの最初の一〇年間は、歴史書（『続日本紀《しょくにほんぎ》』）に集中して疫病の記事が載る時期で、なかでも慶雲《けいうん》年間（七〇四〜七〇八）の疫病は全国的に大規模なものとなった。慶雲二年（七〇五）四月、水旱《すいかん》、つまり洪水と日照りによって作物が実らず、人々も生気がないという状況が説明されている。四月の記事なので、作物が実らなかったのはおそらく前年の慶雲元年であろう。続く慶雲二年にも日照りが続いたようで、諸国で飢饉《ききん》と疫病が広がり、翌三年には「天下諸国疫疾《えきしつ》」、さらに翌四年にも「天下疫飢《えきき》」、つまり全国的に疫病・飢饉が広がる状態は続いた。当該時期については古気候学の研究で極度の乾燥期であったことがわかっており、関連性が指摘されている（中塚武『気候適応の日本史』）。

もっとも、その前後の疫病記事は、記事数の多さのわりには一国単位の局地的流行が多い。史料残存状況の良さも関係しているようである。

その後、天平《てんぴょう》五年（七三三）の全国的飢饉・疫病が発生するまで大きな疫病流行はみられず、落ち着いた状況が続いていたが、続く天平七年・同九年の疫病が惨憺たる災禍をもたらしたことはすでにみたとおりである。

続いての危機は天平宝字《ほうじ》年間（七五七〜七六五）にやってきた。天平宝字四年（七六〇）に大規模な疫病が発生する。この疫病についてもすでにみたが、天平以来の疱瘡《ほうそう》の再流行と覚しく、都を中心として大きな被害を出している。しかもこの時期は特に飢饉の発生記事が集中する時期で、天平宝字七年（七六三）から天平神護《じんご》元年（七六五）の三年間をピークとする大飢饉が発生し、疫病もこれに前後して流行している。飢饉と疫病の相互誘発が起こり、事態が鎮静化するまで五年以上を要したらしい。この天平宝字の疫病の時には、「疫死《えきし》数多く、水旱時ならず」（『続日本紀』天平宝字七年九月庚子条）、つまり大規模な疫病と、時季外れの洪水・日照りが相次いでいたという。

天平宝字九年には、前年に起こった恵美押勝《えみのおしかつ》の乱鎮圧が無事に成し遂げられたことを祝して天平神護への改元《かいげん》が行われるが、その折にも当時の情勢として「疫癘荐《えきれいしき》りに臻《いた》って頃《けい》年稔《ねんみの》らず」（『続日本紀』天平神護元年正月己亥条）という状況が語られている。恵美押勝の乱の勝利者側である称徳《しょうとく》天皇には、和気広虫《わけのひろむし》という側近の女性がおり、彼女には捨て子八三人を拾って養子として育てたという美談が残っているが（『日本後紀《にほんこうき》』延暦《えんりゃく》一八年二月乙未条和気清麻呂《きよまろ》薨伝）、それは恵美押勝の乱が終結した後、人々が飢疫《きえき》に苦しみ、多くの子供を捨てるという状況が発生していたなかでの出来事だった。

天平神護二年ごろからは飢饉の記事も減少し、大規模な飢饉と疫病の連鎖も終息したようだが、宝亀《ほうき》五年（七七四）には「天下諸国疾疫《しつえき》の者衆《おお》し」（『続日本紀』宝亀五年四月己卯条）という状況が語られる。諸国の疫病発生を直接語る記事はわずかで、宝亀元年の京師《けいし》（平城京）と但馬国《たじまのくに》、同三年の讃岐《さぬき》国、同四年の伊賀《いが》国と丹後《たんご》国、同一一年の駿河《するが》国くらいのものだが、宝亀元年以降、疫神《えきじん》を各地で祀らせている記事が毎年のように確認でき、全国的な疫病流行期であったと推定されている。丹後国の郡司《ぐんじ》たちも、宝亀四年時点で、

「頃年の間、疫気《えきき》繁蕩《はんとう》し、死亡の伯姓《ひやくせい》、其の数夥多《かた》なり（このごろ疫病が頻発しており、死亡者は夥《おびただ》しい数に上る）」という状態を報告している（『大日本古文書二一』二八二頁「太《だい》政官符案帳《じようかんぷ》」）。同時期には飢饉の記事が多く、また丹後国の郡司の報告でも日照りが打ち続いて田畠が荒廃しているという状況が語られているので、飢饉と疫病の複合被害とその連鎖が発生していたものとみられる。

宝亀の疫病と飢饉は、疫神祭祀が同六年以降も継続しているものの、飢饉の記事は宝亀五年をピークとするため、徐々に解消していったようにみえる。延暦元年（七八二）には、桓武《かんむ》天皇が大赦《たいしや》を指示した時に、去年の不作に続いて今年は疫病が発生しているという状況を語っている。桓武の即位が前年なので、自身の在位中のことのみに言及しているのかもしれないが、疫病が連年続いているという認識は語られていない。

延暦八年（七八九）には飢饉の記事がやや多い状況だったが、それが引き金となったのか、翌九年には三〇年ぶりの疱瘡流行に見舞われた（『続日本紀』延暦九年是年条）。三〇年という時間経過により、免疫をもたない新生人口が増え、集団免疫が失われていたため、いつ疱瘡が流行ってもおかしくない状況だったのである。この年には飢饉の記事も集中しており、京と畿内《きない》を中心に大きな被害を出した（『続日本紀』延暦九年九月丙子条）。この被害は翌一〇年まで影響したようだが（『続日本紀』延暦一〇年五月乙丑条）、その後はぱたりと情報が途切れるため、そのまま終息にいたったものと推定される。

人口は減ったのか

八世紀の疫病は、日本の社会にどれほどのインパクトを与えたのだろうか。一つの指標となりうるのが人口変動である。

残念ながら、日本古代の歴史書は、古代の総人口を直接伝えてはくれない。中国の歴史書では、人口の統計が明記されるのが普通である。日本でも、計帳《けいちょう》（毎年作成される人口統計資料。これにもとづいて租税の負担額が確定する）を通じて、総人口は把握しえたはずであるのに、歴史書には記されていないのである。それどころか、日本では、計帳を主管している役所に対し、天皇の命令がない限り、総人口を算出したものを報告してはならないという規定すら設けていた。太政官の命令でも、総人口を算出してよいのは一〇国以下とされており、総人口を掌握する権限は天皇のみが握っていた（坂上康俊「奈良平安時代人口データの再検討」『日本史研究』五三六、二〇〇七年）。これは君主と官僚の関係性における日本と唐《とう》の差異を反映したものと考えられている。また、総人口は軍事機密でもあるから、安易な取り扱いは避けられていたのかもしれない。中国では、すでに滅びた王朝の歴史書を新王朝が編纂するから、そこに現れるデータは過去のものでしかないが、日本の歴史書は連続する政体が編纂しているので（桓武天皇など、自分の治世の歴史書を自分が生きているうちに編纂させている）、まだ有効なデータの取り扱いには注意を要しただろう。

いずれにせよ、当時の人口を直接伝える史料がないために、日本古代史研究では、さまざまな方法で人口推計がなされ、奈良時代にはおおむね四五〇万人程度の人々が国家に掌握されていたのではないかと考えられている（鎌田元一「日本古代の人口」同『律令公民制の研究』塙書房、二〇〇一年、初出一九八四年）。さらに、この研究では、平安時代初期になると人口が五五〇万人程度まで増加するという試算もなされている。この試算が正しければ、先にみた疫病の度重なる襲来にもかかわらず、八世紀の日本の人口はきわめて順調に増加したということになる。

ただし、この試算の積算根拠は常陸《ひたち》国の人口データであり、当該地域は疫病の影響が相対的に小さかったとみられることから、これを全国に敷衍《ふえん》して人口増加を想定してもよいのか、やや疑問は残るところである。特に天平の疫病は、例外的に大きな被害をもたらした疫病なので一般化はできないにせよ、全人口の四分の一を消滅させ、畿内周辺では四割に上る人口減少が生じたと試算されている。このような状況下で、一〇〇万人もの人口増加が可能となるものだろうか。近年では、古代の人口変動は、地域によって偏差の大きいモザイク状のものだっただろうとの見通しも提示されている（今津勝紀「人口動態よりみた日本の古代」同『日本古代の環境と社会』塙書房、二〇二二年）。

ただ、一〇〇万人もの人口増加を認めるか否かは別としても、八世紀の状況が比較的明るくみえるのも事実である。人口減少への危機感は史料上目立たない。むしろ八世紀前葉は、有名な三世一身法《さんぜいっしんのほう》にもみえるとおり、人口の順調な増加が語られている。古代の社会構造は、疫病と飢饉が相互に誘発されやすいものであったと説いたが、八世紀の時点では、この社会構造が長期の社会停滞を招いた様子は確認できず、おおむね数年以内に相互誘発を抜け出し、復興を達成しているようにみえる。天平の大疫病の直後には、大宰府《だざいふ》が復興困難な様子を上申してくることもあったが、これは特殊な例に属していた。

しかし、九世紀になると、状況はやや異なってくる。

桓武朝の転機——疫癘間発

遅延する復興

疫病が起こった直後に、食料給付などさまざまな対策がとられるだけでなく、疫病発生から一定時間を経てから、復興に向けた対策がとられることもある。たとえば、延暦二四年（八〇五）のこと、平安京への遷都《せんと》にともなう造営で人々が疲弊しているうえに、災疫の発生によって農業と桑《くわ》作り（にともなう絹生産）が大きな損害を受け、今年は豊作だったというのにいまだに生業が復興できていないとして、徴発する兵力・労働力の削減や物資運搬の軽減などを含む大規模な救恤《きゅうじゅつ》策がとられた（『日本後紀』延暦二四年一二月壬寅条）。

延暦二四年の記事で触れられているように、疫病やこれと連動する飢饉などの災害は、豊作によってリセットされるのが普通だったのだろう。ところが、豊作であってもなお復興しないという状況が、このころから語られるようになる。

たとえば弘仁《こうにん》元年（八一〇）には、水害・旱害《かんがい》・疾疫が近年相次いでいるために、豊作の年でもわずかに状況が和《やわ》らぐにとどまり、完全な復興にはいたっていないという理由で、出挙《すいこ》の利息を五割から三割に軽減する措置がとられている（『類聚三代格《るいじゅさんだいきゃく》』巻一四出挙事、弘仁元年九月二三日太政官符）。また、弘仁二年には、さきに疫病に遭い、さらにうち続いて日照りにも見舞われ、人々が疲弊し、いまだ復興は達成できていないとして、賑給《しんごう》が実施されている（『日本後紀』弘仁二年五月癸丑条）。

弘仁一四年に、大宰大弐《だざいのだいに》（大宰府の次官）であった小野岑守《おののみねもり》が公営田《くえいでん》（口分田《くぶんでん》などを大宰府の管理下で耕営させ、調庸《ちょうよう》などの納官物を賄う制度）の導入を建議した時にも、近年は不作が続き、さらに疫病が追い打ちをかけているので、臨機応変な政治でもって復興を図るよりほかにないと主張している（『類聚三代格』巻一五易田幷公営田事、弘仁一四年二月二一日太政官奏）。

桓武天皇の方針転換

復興遅延が注目されはじめたのは延暦二四年、桓武天皇の治世最末期のことであった。この時に実施されている大規模な救恤策は、実は桓武天皇の政策転換として大きな意義をもっていた。この時期は、桓武の死の直前にあたるが、そのころの出来事として、徳政相論《とくせいそうろん》のエピソードはあまりにも有名である。桓武が藤原緒嗣《おつぐ》と菅野真道《すがののまみち》に天下の徳政を相論させたところ、緒嗣は桓武肝いりの事業である軍事（東北遠征）と造作（遷都）の停止を求め、真道の大反対にあった。しかし桓武は緒嗣の建議を善《よ》しとし、両事業の停止を決定した。以上は桓武の度量を示すエピソードと

図15　桓武天皇像（模本，東京国立博物館所蔵，ColBase より）

して有名であるが、あらかじめ桓武たちの間で筋書きの決まっていた一芝居なのではないかと、古くから疑われてもいた。この疑いが当を得ていたことが、近年明らかにされている（鈴木拓也「徳政相論と桓武天皇」『国史談話会雑誌』五〇、二〇一〇年）。桓武が復興の遅延に危機感を抱いて救恤策を案出するよう指示を出したのは実は延暦二四年一一月以前のことであり、徳政相論はこの指示の後の出来事だったのである。徳政相論が実施された時点で、すでに桓武は民力休養と生業復興に向けて大きく舵《かじ》を切っていたということになる。そしてその転換は、自身の生涯を賭けた事業である軍事と造作を停止させるほどのものだったのだから、事態の深刻さとこれに対する桓武たちの憂慮の大きさも推し量れるというものだろう。

約一〇年後の弘仁五年（八一四）には、疫病の頻発が「大同以来《だいいどう》」、つまり桓武の跡を継いだ平城《へいぜい》天皇の時代から続いているとの認識が示されている（『日本後紀』弘仁五年七月己巳条）。確かに、大同年間（八〇六〜八一〇）には全国的な疫病流行の記事が散見する。特に大同三年には疫病流行を語る史料が集中するが、大同元年に洪水の被害を受け、その復興もままならないうちに大同二年から疫病も流行したと語られている（『日本後紀』大同三年五月丙戌条）。

ただし、大同二年は西暦八〇七年であり、桓武末年の大規模な疫病に対して対策がとられたのは八〇五年である。また大同元年の時点で、大宰府においては、洪水・日照り・疫病が毎年のように発生していたという（『類聚国史《るいじゅこくし》』八三免租税、大同元年一一月乙未条）。実際の疫病頻発は桓武治世末年から始まり、その復興が完全に達成されないまま大同年間に突入し、疫病頻発も継続したとみるべきなのだろう。弘仁五年当時は桓武の息子で平城の弟にあたる嵯峨《さが》天皇の治世にあたるが、嵯峨天皇は有名な薬子《くすこ》の変《へん》によって兄・平城天皇の平城還都を否定し、父・桓武天皇の平安京を継承するものとして正当性を確保したという経緯があったため、平城朝を貶《おとし》めることはあっても、桓武朝の評価を落とすようなことはできなかった。大同年間＝平城天皇の時から疫病が頻発するようになったという認識には、こうした政治的背景が影響している可能性が濃厚である。実際の端緒は桓武治世末期に求められる。

負の遺産を受け継いだ平城天皇

私は以前、平城天皇が、疫病に痛めつけられた社会という大きな負の遺産を父・桓武の代から継承していたことになると指摘し、平城の個性的な政策方針を、「単なる父親への反抗心で説明しては気の毒というものかもしれない」と述べた（拙稿「日本古代の疫病とマクニール・モデル」『史林』一〇三―一、二〇二〇年）。さらに徳政相論にかかる経緯もふまえるならば、平城の政策指針は、むしろ桓武が死の直前に示した方向性に基本的に忠実であったと評価することすらできるかもしれない。平城天皇の施策として、民力休養としての性格が強いことも指摘されている（春名宏昭『平城天皇』）。

桓武と平城の政策の連続性は、徳政相論の人選からもうかがうことができる。桓武が徳政を論じさせた二名のうち、藤原緒嗣は桓武が最も重用した臣の一人であったが、もう一方の菅野真道は、平城の立太子以来、東宮学士《とうぐうがくし》として二〇年の長きにわたり平城に仕えてきた人物であった。彼は緒嗣の建議を聞くや、「たいへんな執念で異議を唱え、頑として聞き入れようとしなかった」と伝えられる。つまり徳政相論は、桓武の代理人である緒嗣が事業の停止を求め、平城の代理人である真道がこれにわけもなく大反対した、という構図で進むのである。

当時の倫理を強く規定する儒教の考え方では、子は父の事業を忠実に引き継ぐべきもので、孔子《こうし》も父の死後三年は父のやり方を変更しないのが孝行というものだと言ったと『論語《ろんご》』に伝えられる。桓武畢生《ひっせい》の大事業である軍事と造作を、平城は孝子《こうし》として何としてでも引き継がなければならないはずだった。桓武は徳政相論に真道を引き入れ、頑《かたく》なな反対のパフォーマンスを演じさせることで、平城の立場を守りつつ、自分の死後、政策の転換が円滑に進むよう地ならしをしておいたのではないだろうか。

平城はのちに平城京への還都《かんと》をもくろんだことで有名である。そのもくろみの背後に、疫病の蔓延《まんえん》する平安京から離脱する意図もあったのではないかとも推測されている（西本昌弘「平安遷都と疫病」同『平安前期の政変と皇位継承』吉川弘文館、二〇二二年、初出二〇二〇年）。

止まぬ疫病

桓武はみずからの事業が招いたのかもしれない深刻な疫病頻発を、事業の停止によって断ち切ろうとした。彼の意図は実現したのだろうか。

先に触れたように、弘仁元年（八一〇）、翌二年にも復興の遅延に言及されているし、弘仁五年には、「大同以来」の疾疫間発、つまり疫病の頻発が指摘されていた（『日本後紀』弘仁五年七月己巳条）。これが実質、桓武末年以来の疫病流行であることは先にみたとおりである。この弘仁五年には、疱瘡も再流行していた（『類聚符宣抄《るいじゅふせんしょう》』巻三疾疫）。そのためもあってか、弘仁九年には、疫病頻発による国内の疲弊という状況を前にして、天平の大疫病が想起されている（『類聚国史』一七三疾疫）。

それ以降も断片的に疫病の記事が続き、弘仁一四年二月にはついに「天下大疫」（『類聚国史』一七三疾疫）という状況に陥るが、その直後の四月には、嵯峨は皇位を弟の淳和《じゅんな》に譲って隠遁してしまう。側近である藤原冬嗣《ふゆつぐ》は「近年、農業の復興も達成されていない状況なので、上皇がこれ以上増えると経費が増大して天下の民は耐えられない」と言って嵯峨を翻意させようとしたが、嵯峨は「賢人に譲位《じょうい》することこそ天下の民のためになるのだから、まだ復興できていないことを心配する必要などない」と反論したという（『日本《にほん》紀略《きりゃく》』弘仁一四年四月甲午条）。

多難ななかで始まった淳和の治世は、当該時期を語る歴史書『日本後紀』が散逸していることもあって情報が断片的だが、かろうじて残った逸文《いつぶん》にみえるだけでも、天長《てんちょう》二年（八二五）に「諸国往々にして疫癘止《や》まず」（『類聚国史』一七三疾疫）、翌三年に「頃年、旱疫相仍《あいよ》り、人物共に尽《つ》く（近年、日照りと疫病が相よって起こっているために、人力も物資も尽きてしまっている）」（『類聚国史』一九四渤海下）、同六年に「諸国頃日《このごろ》、疫癘間発し、百《ひゃく》姓夭死《せいようし》す」（『類聚国史』一七三疾疫）といった記事が並び続ける。

天長一〇年（八三三）に即位した仁明《にんみょう》天皇は嵯峨の息子にあたるが、彼の時代になると、ほぼ毎年のように「疫癘間発」の記事が続くことになる。まず即位後間もない天長一〇年六月に「疫癘間発」（『類聚国史』一七三疾疫）、承和《じょうわ》元年（八三四）四月には「疫癘頻発」（『続日本後紀《しょくにほんこうき》』）、翌二年四月に「諸国疫癘流行」（『類聚国史』一七三疾疫）、翌三年七月に「諸国疫癘間発」（『類聚国史』一七三疾疫）、翌四年六月に「疫癘間発」（『類聚国史』一七三疾疫）、翌五年四月に「疫癘間発」（『日本紀略』）、翌六年閏《うるう》正月に「諸国疾疫」（『類聚国史』一七三疾疫）、翌七年六月に「疫癘間発」（『続日本後紀』）、翌八年五月に「疫癘間発」（『続日本後紀』）、同一〇年正月に「疫癘間発」（『続日本後紀』）といったような状態で、ほとんど決まり文句のような様相を呈している。

実際、この一連の「疫癘間発」という言い回しは決まり文句であった。最初に現れた天長六年の時には法華《ほけ》経《きょう》もしくは最勝王経《さいしょうおうきょう》の暗誦《あんしょう》、承和年間にはほとんどが大般若経《だいはんにゃきょう》や金剛《こんごう》般若経の転読《てんどく》（長い経文のなかで一部の要所のみを拾い読みする読経方法）を指示するに際して現れる文言である。ただし、承和九年三月に金剛般若経転読を指示するにあたっては、「若《も》し未然を攘《はら》うにあらざれば、恐らくは班蒔《はんじ》時を失さん（疫病が起こる前に対処しなければ、種まきを適期に行えないだろう）」という前置きで実施されているので（『続日本後紀』）、現実から遊離した決まり文句ではなく、実際の疫病発生状況を睨《にら》んでの文言だった。疫病の流行が慢性的に繰り返される状況が続いていたのである。

仁明の跡を継いだ文徳《もんとく》天皇の治世においては、しばらく疫病史料が断片的になるが、仁寿《にんじゅ》三年（八五三）の疱瘡再流行では大きな被害を出した。このごろの疱瘡はおおむね三〇年周期で襲ってきたが、仁寿三年の流行は、前回の流行（弘仁五年）から約四〇年経過しており、免疫をもたないものがかなり多数に上ったことも被害拡大の一因かもしれない。

この時、五位以上の位をもつ貴族の死亡記事は一五件に及ぶ。四位以上に絞ると四件なので、天平九年の時の四位以上死亡記事が一二件であることに比べればかなり少ないと言えるのだろうが、大きな被害には違いない。

疫病頻発の時代へ

翌年にあたる仁寿四年には、諸国の国司《こくし》から挙がってくる疫死者（疫病による死亡者）の数が実態に合っていないとして問題になる（『類聚三代格』巻七牧宰事、仁寿四年一〇月一日太政官符）。疫病の大流行にかこつけて死亡者を過大報告する国司もいたのだろうが、ここにいたるまでの慢性的な疫病が正常な死亡者把握システムを麻痺させてしまったという一面もあるのだろう。貞観《じょうがん》六年（八六四）にも「今、疫死百姓、国の申さざる無し（疫病により死亡者が出ていることを報告しない国はない）」（『日本三代実録《にほんさんだいじつろく》』）という状況が伝えられているので、報告は常態化しており、そのなかに不正が紛れ込むようになっていったものと考えられる。

こうした状況のなか、続く清和《せいわ》天皇の治世である貞観年間（八五九〜八七七）にも、疫病の記事は頻出する。『続日本紀』の次の歴史書である『日本後紀』以来、歴史書に諸国の疫病に関する記事を丁寧に載せることは少なくなる傾向があるが、当該時期は諸国の疫病に関する記事もかなり多くなるのが特徴である。単に歴史書の記事採録方針の差異ともみられるが、諸国の疫病に対して賑給などの対策が頻繁に実施されていたために、史料がよく残ったとも考えられる。隠岐《おき》国など、貞観七〜八年の間に疫病による死者を三一八九人も出したため、租税の免除措置がとられたと伝えられる（『日本三代実録』貞観一二年八月五日乙酉条）。当時の隠岐国の推定人口はせいぜい一万人を越える程度とみられているので、凄まじい死者数である。仮に一定数の虚偽が含まれているにせよ、これだけの死者を政府が認定して租税免除に乗り出す程度には、事態は深刻だった。

貞観五年（八六三）五月には、「近代以来、疫病繁発す」という表現もみえる（『日本三代実録』）。この「近代以来」が具体的にいつ以降を指すのかは明確にしえないが、「今」が属する連続的時代として当時認識されていた時間的範囲を指すことは間違いなかろう。同様の表現として、「疾疫間発」「疫癘滋発」「疫癘屢発」「疫癘間発」「疫癘頻発」などがある。つまり当時の人々は、自分たちの生きる時代を「疫病頻発の時代」と捉えていたのである。

先に、古代の社会は飢饉を媒介として疫病が連鎖しやすい構造になっていたと述べた。この構造は、八世紀段階では数年で脱却することが可能だったわけだが、しかし、九世紀になって現出するこの状況は、疫病の連鎖が深刻化し、負の循環が止まらなくなっているものと推定される。桓武末年の復興遅延は、その後、半世紀以上に及ぶ疫病頻発の時代へと続いていくのである。古代の疫病史は、ここに新しいステージに入ったといえるだろう。

残念ながら、九世紀の半ば以降は、疫病の報告制度自体が実態を失っていくため、時の政府は諸国の疫病を把握できなくなっていく。したがって、疫病頻発の時代がいつまで続いたとみるべきか、判断することは難しい。元慶《がんぎょう》三年（八七九）に上総《かずさ》国が「頻年《ひんねん》の災疫」により多くの死者を出していると訴えて以降、疫病の頻発に言及する記事は見当たらなくなっていく。これ以降しばらくは、定期的に訪れる疱瘡の流行が主たる疫病被害として記されていくだけなので、一見収束しているようにもみえる。

しかしそれは、地方の疫病の情報が中央にほぼ届かなくなっただけのことかもしれない。讃岐《さぬき》国では、貞観の末年以降しばらく、飢饉や疫病への対策がまともにとられず、中央への報告もなされていなかったという（『菅家文草』）。

一〇世紀末になると、かの正暦《しょうりゃく》・長徳《ちょうとく》の大疫病を中心として、再び疫病の頻発が知られるようになり、この時期には、新しい疫病危機の時代が到来したようである。その背景には、温暖化による環境変化が想定されている。

古代における疫病対策

以上のような疫病を前にして、当時の人々はどのような対策をとったのだろうか。短期的なものから、長期的なものまで、さまざまなものがある。こうした対策を通して、人々がどのように疫病に適応していったのかをみていきたい。

政府の通達した対策

まず、短期的な対応として、天平九年（七三七）の大疫病にあたっては、国家の最高政務機関である太政官から各国の国司にあてて対処法を解説した通達が下されている（『類聚符宣抄』巻三疾疫、天平九年六月二六日太政官符）。要点のみを抜き書きすると次のような内容である。

・症状の経過を理解し、諸症状のなかでも特に危険な下痢にはよく対処すべきこと。
・病人の腹や腰をよく温めること。
・寝具を設《しつら》えて寝かせること。
・粥《かゆ》などを食べさせ、生肉・生野菜は避けること。水は飲ませず、下痢になったら湯粥を摂らせること。
・食欲がない場合には無理にでも食事させ、塩分を口に含ませること。
・回復後の養生方法や食事制限。
・薬を使ってはいけないこと。

以上の治療法は、その日の生活にも困るような飢疫民が自力で実行できるようなものではないから、この通達の果たした役割は「無に等しい」と評価する意見（新村拓『日本医療社会史の研究』第六章）もかつてはあった。ただし、近年では、この通達が貴族の間で平安時代末まで参照され続けた事実が重視され、通達の臨床的有効性は見直されつつある（丸山裕美子「『医心方』の世界へ―天平九年の典薬寮勘文と太政官符―」同『日本古代の医療制度』）。

また、通達の実効性を論じるうえでは、この通達が国司あてに出されたものであるという史料の性格にも注意する必要があるだろう。以上の治療法を、飢疫民が自力で実行することは確かに難しい。しかし、政府は飢疫民の自助に委ねきったわけではなく、国司たち官人にその実行を命じていたのである。通達の末尾には、粥代がない場合には、官物《かんもつ》（公的財源）から支給してよいと明記されている。実際、但馬国では、この通達の指示に従って一四一二人分の粥代が賑給として支給されることとなった（天平九年度但馬国正税帳《しょうぜいちょう》）。

薬の禁止と食料給付

ところで、この通達の末尾には、「薬を使うな」という、疫病対策としてはやや不思議な項目がある。より詳しく原文に即してみると、「疫病を治療しようとして、丸薬《がんやく》や散薬《さんやく》（粉薬）などを使ってはならない。もし胸が熱くなる症状が出ているなら、人参湯《にんじんとう》だけは使ってよい」と言っている。

この通達が出された背景としては、当時、怪しげな薬が出回っていたからではないか、あるいは当時、疫病には湯薬を用いるのが常識だったためであろうと推測されている（丸山裕美子前掲論文）。ただ、常識ではない治療法をわざわざ通達で禁止した意味はわかりにくい。

丸薬と散薬は、保存の利く調合薬の代表格で、『延喜式《えんぎしき》』典薬寮《てんやくりょう》の薬のリストでも、「〇〇丸」「〇〇散」「〇〇膏《こう》」の三類型が挙がっている。「〇〇膏」は塗り薬だから、それ以外の飲み薬が丸薬と散薬である。こうした薬は胃腸薬としても有効とみなされ、遣唐使《けんとうし》や遣渤海使《けんぼっかいし》のような外国使節の持参薬ともなっている（篠崎敦史「遣渤海使の所持雑薬からみた日本と渤海の交流の一断面―古代日本対外関係における医薬関係史料の可能性―」『札幌国際大学紀要』五一、二〇二〇年）。なぜこれらが禁止されるのか。

この通達が出された天平九年には、疫病対策に関わる薬について、一つの変化があったことが指摘されている。これ以前、諸国で疫病が発生した場合には「医薬」、すなわち医療の提供と薬の支給という対処方法が疫病対策の作法として確立していた。『続日本紀』の冒頭、つまり七世紀末から八世紀初頭にかけての記事には、諸国の疫病発生がかなりの頻度で記されているが、この時期の疫病対策は、いずれも判を捺したように「医薬」だったのである。

ところが、天平九年を画期として、以降は賑給、つまり食料を支給するという対処方法に切り替わる。もともと賑給は、飢饉が起こった時の対処方法であり、時の政府は疫病には医薬、飢饉には賑給と、機械的に使い分けていたのだが、それがこのころに変化するのである。天平の疫病の死亡率を試算してみせたかのファリス氏は、この変化に早くに気づき、この疫病がいかに画期的であったかを示す証拠として評価した。

縷々述べてきたとおり、疫病と飢饉との間には、飢饉による栄養失調が人々の免疫力を低下させ疫病を招く、という因果関係があったから、疫病に対して賑給を実施するのは、今日からみれば合理的である。では、当時の政府はなぜこの時点で、この転換に踏み切ったのだろうか。諸国への疫病対策として薬を使わないという方向へ転換が図られ、疫病対策と医薬とが積極的に遮断された背景には何があったのか。

同じく天平九年に典薬寮が作成した疫病治療法には、湯薬の調合法が詳しく記載されている。この典薬寮の治療法は、先の通達とは異なり、貴族を対象としたものであったと考えられている（丸山裕美子前掲論文）。諸国によって看護される人々が、人参湯を例外的に処方可能とされている程度であったのに対し、貴族への医薬は手厚く加えられた。つまり、天平九年以降、疫病対策としての医薬の対象は、ごく一部の身分に基本的に限られることとなったのである（新川登亀男「日常生活のなかの病と死」『環境の日本史2　古代の暮らしと祈り』）。同年の通達にみえる「薬を使ってはいけない」という指示も、この文脈に出たものと考えられる。

もともと、諸国への医薬提供は、中国の例（中国の歴史書には、疫病の発生に際して、「医薬」を提供したという記事が散見する）に倣《なら》ったものであったようだが、日本では天平の疫病の第二波である天平九年を画期として、この方式を放棄する。第一波である天平七年の時に、大量の薬が消費されながらほとんど効き目がないという事態でも生じたのだろうか。薬は個々の効用を見極めて適切に運用しなければならない。諸国には国医師《くにいし》と呼ばれる医療技術官が置かれていたほか、「里中医《りちゅうのくすし》」(『令義解《りょうのぎげ》』獄令《ごくりょう》55応給衣粮条)と呼ばれる村落レベルで活躍する医師の存在も知られているが、その技術がどこまで広範囲で機能しうるものであったか、疑いを残す。諸国への医薬提供停止は、現状に応じた弾力的運用と評価することも可能であろう。

なお、当時の薬としては、生薬や調合薬以外に「薬酒」と呼ばれる酒が一般的に出回っていた。諸国でも、薩摩《さつま》国にて、疾病人一四八人に薬酒を支給した例がある(天平八年薩摩国正税帳)。

食料給付の実効性

医薬に代わって疫病対策の主流となった賑給であるが、この賑給の実効性については議論もある。たとえば、前述の但馬国における粥代の賑給一四一二人分というのは、但馬国の推定人口の二%程度に過ぎない。同国では同じく天平九年に、聖武《しょうむ》天皇の詔にもとづく疫病対策として、「高年及び鰥寡惸独《かんかけいどく》」に対する賑給が実施されているが、この賑給の対象人数も一二一一人で、同程度であった。

高年というのは、八〇歳以上の高齢者を指し、鰥寡惸独は鰥寡孤独ともいって、老年ながら伴侶や子のいないもの、あるいは幼年ながら親のいないものを指す（鰥が妻のいないもの、寡が夫のいないもの、孤が親のいないもの、独が子のいないもの）。中国の儒教経典に出典があり、律令でも手厚く保護すべき存在として規定されている（戸令《こりょう》32鰥寡条）。

高年と鰥寡孤独は、当時の政府が賑給を実施する際に、特に支給対象として重視されていた。高年と鰥寡孤独のみが支給対象となることは多かったし、特に高年に対しては、支給額を特に多くする（ほかの賑給対象者の二〇倍支給された例もある）のが一般的であった。仮に高年や鰥寡孤独が、戸籍に記された年齢や家族構成にもとづいて機械的に認定されるものであったとすれば、賑給対象は実際に飢疫に苦しむ人々と必ずしも合致しないということになる。九世紀に入ると、高年や鰥寡孤独に限らず、広く飢疫民を対象とする賑給が目立つことから、八世紀の賑給は相対的にみて観念的性格が強いとみることも可能である（寺内浩「律令制支配と賑給」『日本史研究』二四一、一九八二年）。

ただし、鰥寡孤独に関しては、その実態としての貧窮性を強調する理解も近年では広がりつつある。鰥寡孤独の内訳は、一般的に寡、つまり夫のいない老年女性が圧倒的に多い。この点に関連して、次のような男女の非対称性が指摘されている（今津勝紀「日本古代の村落と地域社会」同『日本古代の税制と社会』初出二〇〇三年）。すなわち、当時の婚姻には、立場の弱い女性が性の提供と引き換えに生活を維持するという性格が特に強かったため、一定年齢以上になってから伴侶を失った場合（古代において、伴侶を失う頻度はとても高かった）、男性、特に富裕な男性は、間もなく若い女性と再婚するのに対し、女性は再婚することができないまま、窮乏に陥るというのである。鰥や孤独に比べて寡が圧倒的に多いという事実が、このような社会構造の実態を反映しているのであれば、鰥寡孤独への賑給も、必ずしも実態としての貧窮民救済策と乖離したものではないと評価することが可能になる。

さらに、古代では、姓は社会的地位により一定の類型化がなされているため、姓をみれば相対的な貧富の差を予測することができるのだが、賑給の対象となった人々の姓を分析した研究成果によると、貧窮層をなす姓の人々は、富裕層をなす姓の人々に比べて、鰥寡孤独として認定される割合が有意に高いという事実が明らかにされている（岡田康佑「賑給における寡の検討」『歴史評論』八七二、二〇二二年）。この事実は、鰥寡孤独が、戸籍の情報にもとづいて機械的に認定されたのではなく、実際の貧窮度を量って認定されていた可能性を示している。被賑給者の認定作業が意外と実態に即したものであったことを示し、賑給の実効性を肯定する成果といえるだろう。

賑給の対象となった人々は人口のわずか数%に過ぎないが、こと社会扶助《ふじょ》に関しては、蟻《あり》の一穴《いっけつ》への対処がやはりものをいう。簡単に比較できるものではないが、現代日本の生活保護率が二%に満たないという事実も参考になるかもしれない。

薬の支給や食料の給付は、いま病に倒れている人々の快癒を図るためのものだが、必要な対策はそれだけではない。前述のとおり、疫病と飢饉、そしてその背景としての農業とは密接な関わりがあり、疫病の発生を防ぐためには農業対策が不可欠だった。また、不幸にして疫病が発生した場合にも、これにともなって田畑が荒廃することのないよう、対策を講じる必要があったのである。

農業と分権

九世紀初頭以降、疫病頻発の時代への突入に呼応するようにして、平安時代初期にはしばしば農業対策がとられている。平安時代中後期に編まれた法令集『類聚三代格』（巻八農桑事）にはその詳しい様子が出てくるが、かなり具体的・技術的な指示を出しているケースが目立ち、まるで農書のようですらあった。

たとえば、米以外の雑穀栽培を奨励する法令は前後の時代を通じてよく出されていたが、そのなかでも特異な蕎麦《そば》を植えろという指示は承和六年（八三九）に出された。蕎麦は土地を選ばず、成長も早いのだとその利点が力説されている。

先に、米の品種管理の手段として種子札《たねふだ》という木簡について触れたが、その種子札も九世紀のものがほとんどだという（平川南「人と自然のかかわりの歴史―『環境の日本史』の視座―」『環境の日本史1　日本史と環境』）。

天長六年（八二九）には、水車を作れという指示が出ている。聞けば唐では日照りに備えて水車を設けることが多いが、日本ではこの設備が普及していないため、水利に不便な土地は活用しにくくなっている。そこでこの設備を民間に普及させることとし、経済的に作成が難しい場合には国司も協力せよと下達された。承和八年（八四一）には、稲機《いなばた》と呼ばれる「稲乾し器」の設営を勧めている。この設備は、収穫した稲を干している最中に雨にあって湿損させてしまうのを防ぐために導入が推奨された。木組みをして、そこに「懸け曝《ほ》す」のだという。その乾き方の早さは「火炎に当てるに似たり」と評された。この設備は、大和《やまと》国宇陀《うだ》郡で利用されていたのを採用したのだという。国内外の農業設備に学んで、全国に普及させていこうとする努力がなされていた。

ただ、情報の共有と並行して、当時の社会は分権化へと向かう動きも目立つ。天長元年（八二四）には、良吏《りょうり》、つまり地方統治に優れた国司の派遣を促進する法令が出されているが（『類聚三代格』巻七公卿意見事、天長元年八月二〇日太政官符）、そこで求められた「良い官吏」像は「経《けい》に反《はん》して宜《よろ》しきを制《せい》す」、つまり、原理原則にこだわることなく時宜に即した政策を果断に進めることができる人物であった。律令をはじめとした画一的法よりも、各地の情勢に応じた臨機応変な施策が推奨されていくのである。

日本列島各地の環境やそれにもとづく食料生産事情は多種多様である。七世紀中葉以降の列島は、水稲耕作という画一的生産手段を全国に適用しようという指向性をもつ国家の支配下に置かれたが、九世紀前葉に、地域の事情に応じて臨機応変な施策を実施することを推奨する動きが強く現れ、それに応じた組織運営が模索されるようになっていく。受《ず》領《りょう》と呼ばれる、国内政治に対して大きな裁量権をもつ地方官が生まれてくるのも、こうした地方政治の模索の一結果ではないか。こうした動きもまた、疫病頻発の時代を前にした適応と評価することが可能だろう。

勧農と復興

疫病頻発の時代に限らず、農業政策は飢饉・疫病対策として重要な位置を占め続けた。時代は下るが、平安中期の万寿《まんじゅ》二年（一〇二五）三月のこと、当時、東国《とうごく》で疫病が発生し、上野《こうずけ》国では郡司が七人死亡し、佐渡《さど》国でも百余人が亡くなるという状態に陥った。まだ疫病があまり広がっていなかった甲斐《かい》国の国司藤原公業《きんなり》は、

「且《か》つは祈願のため、且つは勧農《かんのう》のため」に甲斐国に下向すると藤原実資《さねすけ》に語っている（『小右記《しょうゆうき》』万寿二年三月二四日条）。疫病が発生すれば、神仏に祈るのはもちろんのこと、勧農、すなわち農作が放棄されないよう人々を指導・支援しなければならなかったのである。もし、農業対策が疫病の流行中に万全に機能しなかったとしたら、疫病の終息後、その復興はより困難となるだろう。

疫病には復興というものはないと言われており、田畑が荒れ地になるのを防いだり、無人となった地域の立て直しが行われるに過ぎないという（安田政彦『災害復興の日本史』）。これは、地震や火事、風水害といった災害と比較した場合の話であり、災害によって直截《ちょくせつ》・広範囲に破壊された建造物を建て直すといった意味での復興がないという指摘は確かに正しい。ただし、労働力不足による田畑の荒廃とこれにともなう飢饉は、いつも未然に防げたわけではなく、古代には常に疫病と飢饉が連鎖するリスクがあった。田畑だけでなく、池溝《ちこう》などの灌漑施設が放置されて機能を失えば、田地は瞬《また》く間に荒廃し、その復興には多大な労働力と資財を要する。

なお、「勧農」という言葉は、第一義的には人々に農作業をするよう促すことを指し、その具体的な指示内容は時期によって変化するが（佐藤泰弘「出挙から農料へ―摂関期の在地を考えるために―」『日本史研究』六四一、二〇一六年)、早くから存在した意義として、種籾《たねもみ》の提供が挙げられる。特に食料が不足している時には、種籾として残しておくべき分の米まで食べてしまうことはよくあったから、勧農はこうした意味でも飢饉・疫病対策として不可欠なものだった。

交通路での祭り

勧農と並ぶもう一つの疫病対策の柱として、藤原公業が挙げたのが「祈願」であった。国家は疫病からの解放を願って、さまざまな祭祀を実施し、また仏事を執り行った。ここですべてを挙げることは難しいが、疫病対策独特の「祈願」の在り方としてまず挙げておきたいのは、古代の交通とも密接に関わる道饗《みちあえの》祭《まつり》である。

道饗祭というのは、前述のとおり、疫病をもたらすと信じられた「鬼魅《きみ》」が入ってこないように、あらかじめ道で饗応して帰ってもらう祭りである。本来は、毎年六月と一二月の年二回開催される年中行事であり、律令にも定められている。また、天平七年の疫病発生にあたっては、大宰府での疫病発生の報に触れて、臨時に実施されることになった。

毎年二回、恒例として行われる道饗祭は、「京城四隅道上《きようじようのよすみのみちのうえ》」(『令集解《りようのしゆうげ》』神祇令)、つまり都の条坊《じようぼう》道路で行われることになっていたが、天平七年に臨時に行われた道饗祭は、長門《ながと》から平城京までの道程上にある諸国で行われた。

疫病をもたらす「鬼魅」たちは、道を伝ってやってくると考えられていたために、疫病防遏《ぼうあつ》の場所として道路上の要衝となる地点が祭祀の場に選ばれた。古代の日本の国家は、都と、都から延びる道に沿って編成される地方という世界観のもと構成されたという性格を有しており（武田佐知子「古代における都と村」同『古代日本の衣服と交通—装う王権　つなぐ道—』思文閣出版、二〇一四年、初出一九九一年）、道、なかでも陸路が空間把握上大きな役割を果たしていた。それは、各地の拠「点」を道路という「線」が結んでいるという世界観だった。

こうした世界観を表現したものとして有名なのが「行基図《ぎょうきず》」である。かの有名な僧侶行基が作ったという伝説があるためにそう呼ばれている図で、前近代における日本全図の様式である。この地図では、地方の各国は都から伸びる主要道路によって貫かれる団子《だんご》のように表現されている。

こうした世界観のもとでは、良いものも悪いものもすべて道を伝ってやってきた。道饗祭は、こうした悪いものを防ぐための祭りである。防ぐ方法というのが独特で、饗《あえ》、つまり食べ物などを捧げてもてなし、悪さをしないように帰ってもらうという方法をとった。

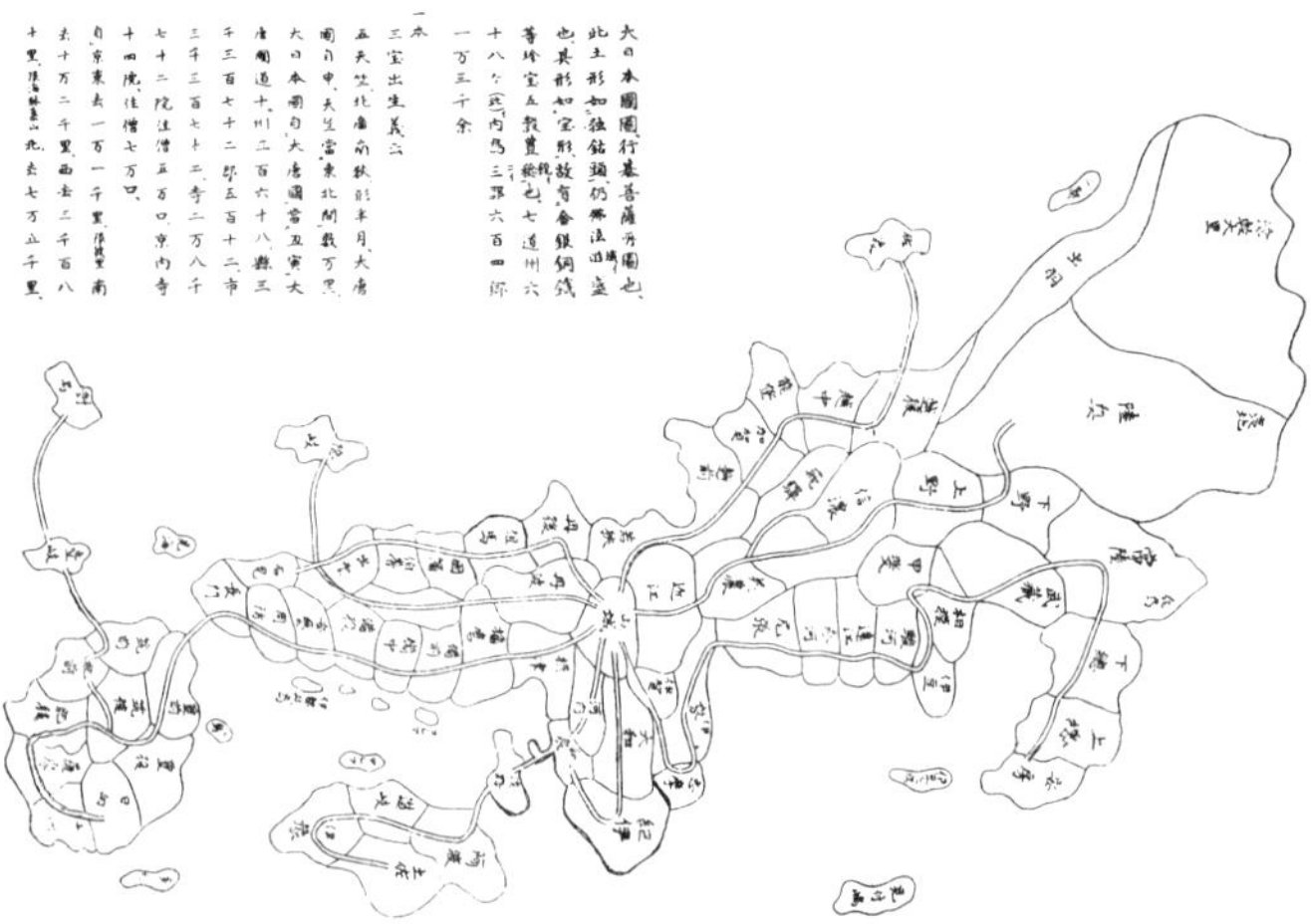

図16　行基図（『拾芥抄』〈新訂増補故実叢書〉より）

それが奈良時代末期の宝亀年間になると、「畿内堺《さかい》」の一〇ヶ所で疫神祭を実施するという記事が登場する。この時の都は平城京であるから、「畿内堺」一〇ヶ所というのがどこを指すのか明瞭ではないが、平安京の時代には、都が置かれていた山城《やましろ》国と周辺の国との境界六ヶ所、および畿内諸国（山城・河《かわ》内《ち》・和泉《いずみ》・摂津《せっつ》・大和）と畿外諸国の境界四ヶ所の計一〇ヶ所で実施されている（『延喜式』臨時祭）。つまり、都の置かれている山城国の境界と、畿内の境界、二重の境界で祭祀が行われていた。山城国や畿内諸国と接するすべての境界で祭りが行われたわけではなく、これらを結ぶ主要幹線道路の境界地点が選ばれた。

畿内境の疫神祭は、道の上で疫病を防ぐという点では道饗祭と共通性を有しているが、特に祭祀の対象を疫神に限っている点、そして山城国と畿内を囲む境界が意識されるようになった点に特色がある。疫病という災害が、都を中心とした畿内諸国で特に猛威をふるう現実に直面した当時の政府は、これらの地域を重点的に疫病から守ろうとするようになったのだろうか。

二つのオオエ山

ところで、畿内と畿外を結ぶ主要幹線道路上に設定された境界のうち、山城国と丹波《たんば》国の境界は大枝《おおえ》と呼ばれる地点だった。現在では老ノ坂《おいのさか》と呼ばれ、京都市内から亀岡市へ抜ける地点である。古代においては、山陰道《さんいんどう》、つまり中国山地の日本海側へと抜ける交通の要衝だった。のちに四角四堺祭《しかくしかいさい》といって、同じく疫病を治めるための陰陽道《おんみょうどう》祭祀が発生するが、この祭祀もまた大枝で実施されていた。大枝は疫病から畿内、ひいては都を守るための最も重要な防衛線ならぬ防衛点のひとつだった。

大枝山は山城国と丹波国の交通要路という性質上、通行する人馬を狙った盗賊もしばしば出没していたらしい。正暦二年（九九一）にはこのような法律相談が残されている（『平安遺文二』三四五文書）。ある人物Aが人物Bから馬一頭を借り受けて国府《こくふ》（国ごとに置かれた役所）へ向かった。京から丹波国府を目指し、国府付近の市《いち》で売買しようとしたのである。Bは馬を貸すにあたって、Aに対し、この馬は相当な老馬なので、一定の差額を支払って若馬と交換してきてほしいと頼んでいた。Aはこの老馬を連れて国府へ向かったが、誰も交換に応じてくれる人がいなかったので、そのまま老馬を連れて帰ることにした。ところが、Aは帰り道の大枝山で二〇人ほどの強盗に襲われ、自身は弓矢で射られて怪我を負い、帯同していた荷物は馬ごと奪い去られてしまったのである。BはAが怪我をし、荷物も奪われたことを知っていながら、もとの老馬を返せ、返せないなら弁償しろと迫るが、こういった場合はどうなるのでしょうか、という法律相談である。二〇人の強盗といったらもう立派な盗賊団であるが、一〇世紀末の大枝山はこんな盗賊団が出没してもおかしくない場所だった。

大枝山は酒呑童子《しゅてんどうじ》伝承揺籃《ようらん》の地とも考えられている。酒呑童子伝承にはさまざまなバリエーションがあるが、女性や財物を奪う鬼の頭目・酒呑童子が源頼光《みなもとのよりみつ》とその四天王に討ち取られるというストーリーはご存知の方も多いだろう。老ノ坂トンネルから徒歩数分の地点には首塚大明神《くびづかだいみょうじん》が鎮座し、酒呑童子の首塚であると伝えられる。大枝山で疫病をもたらす鬼を防遏していた歴史が、のちに鬼退治伝承と結びついたものとみられている

（高橋昌明『酒呑童子の誕生』）。

もっとも、現代に伝わる酒呑童子伝承のオオエ山は、現在の福知山《ふくちやま》市の大江山《おおえやま》連峰ということになっている。山城・丹波間の大枝山が古来交通の要衝で徒歩での踏破も容易なのに対し、福知山の大江山は人跡まばらな深山で、連峰の最高峰である千丈《せんじよう》ケ《が》嶽《たけ》の標高は八三二メートルにも達する。山頂付近には鬼《おに》嶽稲荷《たけいなり》神社が鎮座するが、この地点は早朝には美しい雲海が望見できる地として著名である。山道の途中には日本の鬼の交流博物館が設置され、各地の鬼の民俗伝承の展示に触れることができる。博物館には大江駅から市バスが出ておりアクセスに大きな難はないが、博物館から山頂までは徒歩六キロ、特に鬼嶽稲荷から山頂までの一キロは車も通らない登山道となっている。鬼の住処

図17　首塚大明神

と称される土地としては、なるほどいかにも趣がある。二つのオオエ山、登り比べてみるのも一興だろう。

神仏への祈り

天平の大疫病が、東大寺の盧舎那仏像《るしゃなぶつぞう》（いわゆる大仏）の建立や、国分寺《こくぶんじ》という諸国の官営寺造営の一つの契機となったという話は有名である。当時、災害が起こるのは君主の不徳によるものという考え方があったから、未曽有の大疫病を招いた時の天皇・聖武は古今稀《まれ》にみる不徳の天皇ということになってしまう。帝王の論理だけで正当性を担保できない聖武は、仏教の庇護者としてのアイデンティティに縋《すが》った。大仏造立詔《だいぶつぞうりゅうのみことのり》（『続日本紀』）のなかで聖武は、「自分はこの天下の富と権勢を統《す》べるものである。この富と権勢をもってすれば、盧舎那仏像を形だけ作るのは簡単だが、それでは仏に思いが通じないため、仏の感応も得られない。私独りの富と権勢ではなく、天下の人々の力を合わせて仏像を作りたいのだ」と言っている。造仏や造寺、写経など、仏教的事業を共同事業として行うグループを仏教用語で知識《ちしき》という。こうした仏教的作善《さぜん》の共同事業は、早く中国で「邑義《ゆうぎ》」と呼ばれて広まっていたが、日本では七世紀以降、地域の社会結集手段としても大いに活用され（竹内亮「古代の造寺と社会」同『日本古代の寺院と社会』初出二〇一二年）、さまざまな地縁・血縁にもとづく知識が各地で生まれた。そう

図18　智識寺の復元模型（柏原市立歴史資料館所蔵）

した知識の活動によって作られたと覚しき河内国大県《おおあがた》郡の知（智）識寺盧舎那仏を礼拝して大いに感じ入った聖武は、天下の人々を超巨大な知識として編成し、みずからも盧舎那仏を作ろうとしたのである。帝王の論理を、仏像を作る手段としては否定した先に、知識による造仏事業があった。

また、疫病がもともと、神の祟《たた》りによるものと観念されていた以上、疫病対策として、祟っている神の特定とその神への祈りは基本的な対策だった。本書冒頭で触れた蘇《そ》民将《みんしょう》来《らい》とスサノオの伝承は、備後《びんご》国疫隈国社《えのくまのくにつやしろ》の由来譚である。古代の疫隈国社については詳しい情報がない。ただ、スサノオが通っていた恋人の女神は南海の神の娘だったというから、出雲《いずも》国から備後国を経て瀬戸内海へと通じる交通路上に存在したということが推定できるくらいである。『延喜式』には備後国深津《ふかつ》郡に「須佐能袁能《すさのおの》神社」という神社があり、これに相当する可能性もある。もっとも、現在、疫隈国社の所在地と伝えられる素盞《すさの》鳴《お》神社は福山市新市町《しんいちちょう》に所在しており、やや内陸に入り込んだ位置で、出雲国から備後国への中継地点である三次《みよし》市中心部をJR福塩線に沿って南下、福山市に入ってすぐのところに位置している。

どちらが相応しいと判断できるだけの情報はないし、まったく別の地にあった可能性も残る（自分がスサノオだったら、もっと中国山地に入り込んだ山間の村で日が暮れる方がよほど途方に暮れるだろう。スサノオ縁《ゆかり》の社《やしろ》を訪ねてこうした山間の集落に入り込んだ時には、日の入りの早さに驚いたものである）。いずれにせよ、出雲国が属する山陰道と備後国が属する山陽道《さんようどう》とが、疫病をもたらす神の通り道で結ばれていると観念されていた点こそ興味深い事実である。山陰道と山陽道はともに古代疫病の常襲地帯であった。両道で疫病が発生しやすい要因として、両道間の南北交通も注目されている。出雲国から備後国、ではなく備中《びっちゅう》国への通り道だが、阿志毘縁道《あしびえのみち》というルートに注目する研究もある（今津勝紀「日本古代史研究とＧＩＳ」新納泉〈編〉『空間情報科学を用いた歴史学・考古学をはじめとする人文科学研究の推進』二〇〇六年）。

なお、疫病への対策は、実際に起こった疫病に対するそれより、陰陽寮《おんみょうりょう》などが「明年、兵疫の災有るべし」（『日本三代実録』貞観七年正月四日丙戌条）などとして予言した疫病を未然に防ぐために読経するといった予防的性質を帯びたものが九世紀以降目立つようになっていく。これはすでに起きた疫病への祈りよりも有効と見なされ、大いに活用されていくことになる。

接触の自粛

以上、国家レベルで実施された疫病対策を中心にみてきたが、個人レベルではどのような対策の立てようがあっただろうか。

前述のとおり、平安時代の初期には、疫病への感染を怖れて病人への接触を拒み、結果病人を見捨てるという、痛ましい「防疫」が行われていたことが確認できるが、これほど露骨な形を取るものではないにせよ、疫病患者との接触自粛は種々行われていた。

長徳四年（九九八）に疫病が流行った際、病に倒れた藤原詮子《せんし》は、息子である一条《いちじょう》天皇に対し、この病は感染する病だというから見舞いには来ないようにと言い含めている（『権記《ごんき》』長徳四年七月二日条）。かつて天平の疫病が流行った時に藤原四兄弟が相次いで倒れたのは互いに見舞いに行ったせいだという説があると述べたが、遅くとも一〇世紀には疫病流行時の見舞いを遠慮すべしという考え方が生まれていた。

治安《じあん》元年（一〇二一）にも疫病が発生し、街路には疫病で亡くなった人々の遺体が多く倒れているという惨状だったが、この時に関白《かんぱく》であった藤原頼通《よりみち》たちは、頼通の妹である皇太后《こうたいごう》藤原妍子《けんし》のもとで管弦《かんげん》の宴を開き、深夜まで遊んでいた。藤原実資は、このことを養嗣子《ようしし》である藤原資平《すけひら》から聞き及び、疫病が猛威をふるっている最中だというのに、疫病を怖れもせずに頻《しき》りに宴を開いている人々を「愚か」であると評価している（『小右記』治安元年二月二二日条）。

実資の批判の目はどこに向けられているのだろうか。飢饉や疫病の流行中は、経済的な理由から年中行事の宴会が停止されることはあったし（有富純也「九・十世紀の不堪佃田・損田と律令官人給与制」同『日本古代国家と支配理念』東京大学出版会、二〇〇九年）、また天下が苦しんでいる時に為政者が楽しんでいてはいけないという倫理もあった。しかし、実資が批難しているのは、頼通たちが疫病を「怖れもせずに」宴会を開いている点であるから、経済的節制や倫理的自粛というよりは、一種の防疫的観点から、慎重さを欠いた行動を批判しているのではあるまいか。同時期の貴族である源経頼《つねより》も、疫病流行中は外出を自粛している（『左経記《さけいき》』寛仁《かんにん》四年〈一〇二〇〉五月二〇日、二四日条）。

免疫の活用

疫病流行時に一定年齢以下の人々が特に罹患しやすいという現象は八世紀にはすでに経験的に知られていた。たとえば延暦九年（七九〇）の豌豆瘡《もがさ》発生時には、京と畿内の三〇歳以下の男女がことごとく病に倒れたと伝えられる（『続日本紀』延暦九年是年条）。このような現象は免疫というシステムで説明がつき、当時の人々も、赤裳瘡の流行時に、「初めの度《たび》病まぬ人のこの度病むなりけり（前回流行した時に罹患しなかった人が今回罹患しているのだろう）」と認識している（『栄花物語』巻二五）。そして、免疫、つまり特定の疾患に一度罹患したものが一定期間、あるいは永久にその疾患に罹らなくなる性質もまた、平安時代にはすでに知られていた。この性質を利用して、誰かが疫病に罹患した時、その看病をすでに罹患済みの人に任せるようにしたり、用務を円滑に遂行できるよう、罹患済みの人を特に指名してその用務に当てたりすることもあった。

たとえば、長徳四年（九九八）に疫病に倒れた藤原行成《ゆきなり》は、すでにその疫病を患っていた橘惟弘《たちばなただひろ》ただ一人を側に置いて看病してもらっている（『権記』長徳四年七月一六日条）。この時の疫病流行は凄まじく、天皇の身の回りの世話をするべき人々も皆病に倒れてしまい、陪膳人《ばいぜんにん》すらいないという状況だったため、代わりに天皇に近侍する人を定める必要が生じたが、その時には、候補者が疫病にすでに感染したのち回復した「平愈の者」であるかそうでないかが選定基準として考慮されていた（『権記』長徳四年七月一四日条）。すでに疫病に罹ったものであれば、もう同じ疫病に倒れて職務を欠くこともないはずであるという予想がはたらいていたのである。

食を求めて

疫病に前後して発生する飢饉に際しては、食料を求めて人々が山野に分け入り、狩猟・採集という手段で糊口《ここう》を凌ごうとしたことはよく知られている（新村拓「飢疫の様相」同『日本医療社会史の研究』、今津勝紀「古代の災害と地域社会—飢饉と疫病—」同『日本古代の環境と社会』初出二〇〇九年）。農業への依存が疫病発生機序の一部をなしているのだから、狩猟や採集の生活は疫病への対抗手段として有効そうである。ただし、狩猟・採集への「回帰」は、あくまでも補助的なものだった。

狩猟・採集で生計を立てる場合、山野から供給される食料は有限であるから、人口が多すぎれば、その先には需要過多による自滅が待っている。これは人間に限った話ではなく、特定の動物種が極端に増えれば、そう遠くない未来に食料不足に陥り、あるべき頭数まで自然に調整される。伝説の大洪水で人口が壊滅的打撃を受けたなどという状況でもなければ、「産めよ、増えよ、地に満ちよ」は滅亡への第一歩なのである。

一方、農業は狩猟・採集に比べて多くの人口を養うことを可能とするシステムである。

農業は、みずからの食料をみずからの手で増産するという手段であり、自然の人口調整を超えて人口増加を可能とする。したがって、すでに農業によって支えられてきた大規模な人口は、狩猟・採集だけで支えきれるものではない。眼前の飢えに迫られて、人々は山野に活路を見いだしたのだろうが、これは根本的な解決方法にはならないのである。むしろ、普段は食べないものを食べることによって、食中毒などを引き起こすこともあった。これも立派な疫病である。

環境史の分野で、近年注目を集めている「過適応」という言葉がある（中塚武『気候適応の日本史』）。環境条件が著しく良い期間がしばらく続くと、本来なら抱えきれないほどの人口を擁してしまったり、生活水準を引き上げてしまったりする。現在の良好な環境が一時的なものに過ぎないのに、その環境のレベルに適応し過ぎてしまうことを指す言葉が「過適応」である。

古代の国家は、基本的に農地の拡大と人口の増加を指向し、それを地方官たちに義務づける政体をもともと取っていた。過適応と、環境変化による大量死がともないやすい社会だと評価することができる。

なお、飢饉が発生した時には、食を求めて人々が都市に集まり、それが疫病を悪化させせるといった事態が想定されることもある（新村拓「救療政策の思想と肉親看護」同『死と病と看護の社会史』）。しかし、古代に関してはこのような事態は想定しにくいようである。飢饉になったからといって、人々が都市に大挙してやってくるという事例は確認できない。

奈良時代にも、都の市場に飢えた人々が集まっているという状況は確認できるが（『続日本紀』天平宝字三年五月甲戌条）、これは運脚《うんきゃく》などとして都に連れてこられた人々が、食料不足により帰るに帰れなくなったために起こった事態であり、彼ら飢民は何も好き好んで都に集まってきたわけではない。飢饉の時に飢えた人々が都市に集まるという現象が顕著になるのは、一四～一五世紀ごろまで下るとみられている（東島誠「前近代京都における公共負担構造の転換」『歴史学研究』六四九、一九九三年）。

平安時代には、「京中賑給」として、夏に京内の人々を対象に賑給をする行事が年中行事化する（櫛木謙周「「京中賑給」に関する基礎的考察」同『日本古代の首都と公共性』初出一九八七年）。ただし、これはあくまでも都市内部のセーフティネットであり、都の外の人々が飢饉を逃れてわざわざ集まるような都市構造はいまだ成立していなかった。都市という一個の共同体を救うシステムが、その外部をも救うシステムに転化するには、まだいま少しの時間を要したのである。

なお、飢えた人々が市へと食料を求めてやってくるのは時代を超えて確認できる現象であり、正暦五年（九九四）に大疫病が流行った時にも、市の内部に死人が数多く倒れている状態だった（『西宮記《さいきゅうき》』巻二一与奪事）。

祈りの向かう先

人々は、疫病を前にして、さまざまな対象に祈りを捧げた。現代でも、八坂の祇園祭《ぎおんまつり》は有名であるし、疫病の原因として「御霊《ごりょう》」が意識されるようになってからは、各地で御霊会《ごりょうえ》も営まれた（西本昌弘『早良親王』）。

仏教は、古代のおいても、国家や支配組織の独占物ではなく、疫病の発生にあたってさまざまな祈りを捧げられる対象だった。『日本感霊録《にほんかんれいろく》』という、九世紀半ばに成立したとされる仏教説話集がある。当時の人々はさまざまな願いが叶えられることを祈ったが、『日本感霊録』では、盗まれた物が戻ってくることを祈る話と疫病から救われることを願う話が特に多い（三舟隆之「『日本感霊録』の史料性」『日本歴史』八八一、二〇二一年）。『日本感霊録』より四半世紀ほど前に成立した『日本霊異記《にほんりょういき》』でも盗品返還を望む話は多いが、疫病の話はほとんどみえないので、対照的であるといえる。『日本感霊録』が成立した時期は疫病の頻発期であったから、この社会情勢を反映しているのではないかと考えられている。また、『日本感霊録』の現存部分はほとんどが元興寺《がんごうじ》の霊験譚で占められており、元興寺の霊験譚は、当寺の四天王の霊験を伝える話が特に多いので、四天王のもつ疫病鎮圧能力に期待した話がたまたま集中して残った可能性も考慮しておく必要があるだろう。

『日本感霊録』には「霊験の簿《ふだ》」なるものが登場する（辻英子『日本感霊録の研究』）。ある男が馬を盗まれ、元興寺の四天王に祈ったところ、これを取り戻すことができたので、その男は元興寺の四天王のもとを訪れ、盗まれた馬が戻ってきたことを詳しく報告するとともに、「霊験の簿」に委細を書き記した。この話を知った寺内の人々は四天王の霊験を賛嘆したという。この「霊験の簿」がどのような姿のものであったのか――絵馬《えま》のように奉納するものなのか、それとも伝言板のように霊験を書き付ける場所が門前に設置されていたのか――、やや判然としないところもあるが、平安時代前葉にはすでに、その寺の霊験にかかる情報を門前に蓄積する装置が存在していたということである。

こうした装置の存在は、各寺の霊験の個性を、寺内の人々にも、寺外の人々にも、自覚させていく契機となっただろう。現代でも、出産に霊験を発揮する寺、がん封じに強い寺など、寺ごとの霊験の個性が謳《うた》われることは多いが、こうした文化の端緒というべきだろうか。寺ごとに霊験の個性があるという認識が一般に定着すれば、やや遠い寺にわざわざ詣《もうで》るということも増えていく。各寺固有の霊験譚の成立は、参詣を目的とした人々の移動を促し、地縁を超えた信仰のネットワークを形成していく契機となったと考えられるが、それは時に、皮肉にも疫病の移動に寄与することもあっただろう。

霊の仕業か、神の仕業か

古代の人々というと、何か良くないことがあると読経したり、護摩《ごま》を焚いたり、迷信に踊らされていたというイメージがやや一人歩きしがちであるが、彼らも彼らなりの論理に従って行動していた。それを端的に示す事実として、「邪気《じゃき》」と「神気《しんき》」に対する対処法の区別が明らかにされている（谷口美樹「平安貴族の疾病認識と治療法―万寿二年の赤班瘡流行を手懸かりに―」『日本史研究』三六四、一九九二年）。

当時の人々は、恨みを含んだ死霊《しりょう》や生霊《いきりょう》によって引き起こされる病であれば、病人から「憑《よ》りまし」と呼ばれる人に霊を一時移し、調伏《ちょうぶく》するという方法で対処していた。こうした死霊や生霊は「邪気」と呼ばれている。ところが、その病が邪気ではなく、疫病をもたらす「神気」であった場合は、調伏のような力業はかえって神の怒りを買うと考えられたのか、決して邪気と同じ対処はせず、ただ神仏に祈ることのみによって対処するという区別があったのである。対処法の区別は明解なのだが、その病が邪気によるものなのか、それとも神気によるものなのかを区別する方法は占いによるしかなく、その占い結果に疑いが生じることもあったから、実際の現場では難しい判断を迫られた。藤原道長《みちなが》は、娘である嬉子《きし》の出産に際して調伏を選択したが、結果的に娘を失い、深く後悔したと伝えられる。

藤原実資も、跡継ぎとして養子にしていた資平が発病した際に、安倍吉平《あべのよしひら》（かの有名な安倍晴明《せいめい》の息子）に原因を占わせている。その占いの結果は、住所に取り付いている霊、すなわち邪気の仕業《しわざ》であるとのことだった。そこで実資は、隣家に住まう病床の資平に対し、邪気だということだったが、今は疫病の流行中であるから、神気である可能性も考慮して、念のため加持《かじ》による調伏はしないようにと指示を出した。その後、症状が疫病のようだということになり、再び占わせたところ、今度は疫気＝神気だという結果だったので、実資は吉平への不信感を露わにしている（『小右記』長和四年〈一〇一五〉七月一二・一三日条）。

邪気と神気の区別については曖昧な部分もある。恨みを含んで死んだ死霊は邪気だが、それが神として祀られることもあるから、両者の出自は重なり合う。御霊を神として祀る御霊会の成立によって、邪気と神気とが重なり合うようになっていくという歴史的展開が想定されている（山田雄司『跋扈する怨霊―祟りと鎮魂の日本史―』吉川弘文館、二〇〇七年）。それでもなお、当時の人々には、邪気と神気を区別して、対処方法を違えようとする意識が共有されていたわけであるから、両者の差異は、霊の出自の差異というより、その能力による差異とみるべきなのかもしれない。つまり、恨みのある特定の対象人物だけでなく、無作為・不特定多数を病に陥らせる能力、すなわち疫病を発生させる能力を獲得した「気」が神気なのではないか。日本では古くから、疫病は神の祟りによって起こると考えられていたが、この発想を逆にとれば、疫病を起こすことができるものこそが神なのである。

邪気と神気の区別が議論されるのは、決まって疫病が発生している最中のことだった。疫病の流行という無差別の死が眼前にない限り、邪気と区別すべき神気が問題となることもなかったのである。

故実を参照する

西暦一〇〇〇年前後は深刻な疫病の流行が相次いだ時期であった。その最悪のものは既述の正暦・長徳の疫病（正暦五年から長徳元年にかけて発生）であろうが、藤原行成も罹患した、前述の長徳四年（九九八）の疫病も相当なものだった。この疫病は「稲目瘡《いなめがさ》」と当時の人々に呼称されていたという（『日本紀略』長徳四年七月条)。「稲目瘡」の稲目とは、『日本書紀《にほんしょき》』が伝える「仏教公伝」に際して流行った疫病を想起してのものであろう。話は六世紀に遡る。蘇我稲目《そがのいなめ》は時の天皇である欽明《きんめい》天皇に願って、百済《くだら》から贈られてきた仏像を捧持していたが、疫病が流行ったため、仏教への信仰が神の怒りに触れたのだとみなされ、その仏像も流し捨てられてしまったという。この伝えの真偽はどうあれ、一〇世紀末の人々は、四〇〇年以上前の故実を参照して、眼前の疫病を見つめていたのである。

この二年後にあたる長保《ちょうほう》二年（一〇〇〇）にも疫病が流行った。世の人々は、末法の時代に入ったからもうどうしようもない、これからの世界は悪くなっていくばかりだと言い合っていた。

藤原行成はこうした考え方には強く反発し、『日本書紀』が伝える崇神《すじん》天皇七年の疫病を参照する（『権記』長保二年六月二〇日条)。崇神天皇は、『日本書紀』が伝えるところの第一〇代天皇、行成にとってもほとんど伝説的な存在であったはずの天皇である。この天皇の時の疫病は天下の人々が大部分死んでしまうような大疫病だったという。しかし、崇神天皇がその疫病を起こしている祟りの原因神を突き止め、陳謝したことによって、疫病は収まったと『日本書紀』は伝えている。

行成は、崇神天皇がこのような疫病に直面しながらも、疫病収束後は長い治世を保つことができたことを指摘しつつ、末法だといって嘆く人々を批難するのである。行成の心中には、彼が仕える一条天皇を擁護したい気持ちがあった。一条天皇の治世は正暦・長徳の疫病をはじめとする疫病が何度となく流行った時期である。一条天皇のような賢帝ですら繰り返し疫病の災に見舞われるのは、どうしようもない巡り合わせ（理運）というものであり、堯《ぎょう》や湯王《とうおう》といった中国の伝説的聖王ですら災害は免れなかったのだといって、一条を擁護しつつ、崇神天皇の故実のように、一条天皇の治世もまた明るからんことを行成は祈っていたのだろう。あまりにも相次ぐ疫病を前にした行成は、伝説的な先例をも持ち出して、現状が打開される未来を見いだそうとしていたのである。

人間社会と疫病の姿——エピローグ

菅原道真の漢詩にみる疫病

かの有名な菅原道真《すがわらのみちざね》の漢詩文集《かんしぶんしゅう》『菅家文草《かんけぶんそう》』には、「路に白頭翁《はくとうおう》に遇う」という題の詩が収められている。道真は四〇代の時に讃岐守《さぬきのかみ》として任国に赴いていたが、その時に白頭翁、つまり白髪頭のお爺さんと出会い、安倍興行《あべのおきゆき》や藤原保則《やすのり》といった讃岐国の先輩国司《こくし》たちの活躍を聞くのである。

また白頭翁は、安倍興行や藤原保則が赴任する直前の「貞観《じょうがん》の末年、元慶《がんぎょう》の始《はじめ》」つまり貞観から元慶に改元される八七七年前後は、国内の政治は酷いものだったと語り、「旱《ひでり》の災い有るといえども言上せず、疫死有りといえども哀憐《あいれん》せず」という状況だったという。日照りによって損田《そんでん》が出れば、朝廷に報告して租税の減免をしてもらわなければならないのに、そういった手続きもとらず、また疫病によって死者が出ていても賑給《しんごう》などの哀れみを垂れることはなかったというのである。

ここでは、国内の窮状を示すケースとして、日照りと疫病とが対句で結ばれて登場する。文学作品において慣用句的に現れるほど、この二つの災害こそが、まず国家によって救済されるべき基本的災害として認識されていた。そして両者はそれぞれ個別に生起していたわけではなく、飢饉《ききん》を媒介として相互に誘発し合う関係にあった。

古代の疫病流行の特徴

都市周辺の疫病リスク増大や、飢饉による疫病の発生といった事情は、時代・地域を問わず起こることである。その日本古代としての特質は、その生起の機序や発生する範囲などに見いだされうるものであろう。

たとえば、江戸時代になると、冷害による飢饉とこれにともなう疫病の発生が顕著になるが、日本古代の場合、冷害による飢饉はほとんど確認できない。霖雨《りんう》と呼ばれる長雨が飢饉の要因として挙げられることはあるので、これが冷害の事例として処理されることもあるが、史料にみる限り、霖雨は「流亡《るぼう》」、つまり洪水の要因として語られている（『続《しょく》日本紀《にほんぎ》』天平宝字《てんぴょうほうじ》七年九月庚子条）。長雨になると、堤防が決壊して田畑が流され、作物が損なわれるのである。

日本古代に冷害が確認できない理由としては、まず環境要因として、当時が温暖な時期にあたることが想定されている。またその一方で、東北地方への農耕地進出が小規模である点も考慮されるべきだろう。古代の政府は東北への進出と農地化を図ってはいたが、その達成にはほとんど成功しなかった。しかしその失敗は、飢饉と疫病のリスク軽減としても作用していたのである。

稲作社会が抱えたリスク

疫病による労働力不足が次なる飢饉を呼ぶという構造は、世界史上、あまり普遍的なものではないようである。これは、稲作に依存した社会に顕著に確認できる特徴といえるのではないか。稲作は大規模な灌漑施設の整備と維持を要し、さらに除草の手間もかかるというように、人力に頼る部分がすこぶる大きいという特徴をもつ。水田の除草というと、現代では想像しにくいが、『万葉集《まんようしゅう》』には、稲の苗に混ざって生えてくる雑草をどうにか選り分けて抜く作業の苦労をうたった歌が少なからず収録されている（松尾光「文献史料にみる古代の稲作」武光誠・山岸良二〈編〉『古代日本の稲作』雄山閣出版、一九九四年）。当時、除草は農作業における行程の重要な一部分として挙げられており（『延喜式《えんぎしき》』）、特に大きな労働力を投下しなければならないものとして認識されていた。

ただ、こうした労働力の重要さは、働き手への優遇もともなっていた。農夫を呼び寄せるために、「魚酒」、つまり美味しい料理と酒を振る舞う慣行が存在し、農夫の取り合いによる接待のインフレを招くため、禁止の対象にもなっている（『類聚三代格《るいじゅさんだいきゃく》』巻一九禁制事、延暦《えんりゃく》九年四月一六日太政官符《だいじょうかんぷ》）。

疫病はこうした貴重な労働力を奪い去る事態であり、当時の産業構造上、大きな痛手であった。その頻発は、国家の体制事態を揺るがしかねないものだったと言ってよい。

七世紀半ばのいわゆる大化改新《たいかのかいしん》以来、政府は人口増加と農地拡大を至上命題として地方統治を推し進めてきた。地方官には、人口と農地を着実に増やすことがノルマとして一律に課され、これを達成できない場合にはペナルティが存在した。

しかし、九世紀以降、無理な農地拡大が疫病頻発として結果するようになると、地方の自律性が許容され、臨機応変な施策が推奨されるようになっていき、中央政府は租税収入という結果だけで地方官の人事を判断・統制するという、緩やかな体制に転換していく。律令国家の「崩壊」とも「完成」とも評価される変化だが、本書の主題に即してみれば、七世紀以来の至上命題が疫病の頻発という壁に立ちいたった結果、現実への適応が模索されたものと評価することができるだろう。

現代社会と疫病

このような飢饉と疫病の相互関係は、現代の日本にはほぼ当てはまらない。しかし、現代には現代特有の構造的リスクがある。国内で経済を完結できる時代・社会ではないため、疫病を含めた諸外国との物流を遮断できないという点はその大きな一部分である。古代の農地がそうであったように、物流そのものはメリットであるため、リスクの存在を受け止めたうえで対処していかざるをえない。

本書の冒頭にて、疫病は人災としての側面をもつと述べた。ただしそれは、単なる人間の過失や不作為による人災とは異なる。人間社会の在り方や、理想の追求が必然的にともなう矛盾として、疫病は姿を現す。

疫病と人間の戦いには終わりがない。病原はその一部を抑えつけても、別の病原がいつか必ず現れる。それでも我々が人間としての生存を選択する限り、最善を考え続けるしかないのだろう。

さて、本書で指摘した日本古代の疫病の性質は、ほかの時代や地域においても妥当するものがある一方で、ほかには敷衍《ふえん》できない特質もある。他時代・他地域との比較疫病史は、魅力ある研究分野であり、本書はその前提として、まず日本の古代の状況をまとめたスケッチである。

古代と現代とを見比べながら、現代がどのような時代なのか、考える縁《よすが》ともなりうるだろう。古代の社会条件は、現代とはまったく異なる部分もあれば、現代と無関係とは言いがたい部分も有している。本書が描く疫病の歴史は、決して現代とは無関係な遠い世界の悲劇ではない。本書が、現代の疫病と、現代の社会を見つめ直すきっかけとなれば幸甚である。

あとがき

著者はもともと、日本古代の行財政史が専門である。八～九世紀の帳簿や法令ばかり読んできた。主たる興味の関心は制度であって、統治システムの秩序立った（立ってみえる）部分に心惹かれてきたわけである。まさか、疫病などという混沌とした世界に足を突っ込むことになるとは思っていなかった。

本書の基礎となる研究は、二〇一八年に始まった。著者も所属する史学研究会という学会から、毎年四月に開催される例会で来年報告をしないかというお話をいただいたのである。この学会の例会には毎回統一テーマがある。二〇一九年のテーマは「病」であった。師匠にあたる先生経由でいただいた機会がありがたく、二つ返事で承諾した。

ところが、承諾した直後に健康診断で引っかかり、長期通院からの入院、手術、それが治ったら今度は別の病気に捕まり、約一年半、病院をリレーすることになった。厄年はただの迷信ではないらしい。おかげで、すべて完治するまでに、病というものを研究する個人的動機はこのうえなく高まることとなる。

個人的動機はともかく、このテーマは難題だった。当時は奈良時代の天平年間に注目していたので、疫病が当時の政治・社会に与えた影響について改めて考えなければ、という問題関心はもともとあったが、未曽有の疫病にあらゆる社会変化の責を負わせるだけでは、病原微生物の動きに翻弄される未開社会の姿を強調するだけで終わりかねない。日本古代の社会に疫病が与えた影響だけでなく、それが発生・伝播する日本古代固有の仕組みや、疫病そのものが人間社会とともに変化していく様まで捉えられなければ、それは疫病の歴史とはいえないと思った。本書では、疫病を一過性の悲劇として描くことは避け、極力その歴史性を追求する姿勢をとっている。

二〇一九年四月に史学研究会例会で研究報告を終え、同年末に報告内容を論文化した直後、新型コロナウイルス感染症の報道が舞い込んできた。この感染症流行の歴史的意味は、これから長い時間をかけて検証されなければならない。

本書執筆のお話は、二〇二〇年に、吉川弘文館の長谷川裕美氏よりいただいた。ここまでお待たせしてしまったことはお詫びしてもしきれない。ただ、疫病を歴史として振り返る余裕が生まれつつある現在を慶びつつ、稿を終える。

二〇二三年四月

本庄総子

参考文献

※ここでは一般的な参考の便を考慮して、単行本として出版されている文献のみを挙げる。個別に参照した論文などは、本文の該当箇所にてつど挙示している。

日本古代史一般

有富純也『日本古代国家と支配理念』東京大学出版会、二〇〇九年
今津勝紀『日本古代の税制と社会』塙書房、二〇一二年
今津勝紀『日本古代の環境と社会』塙書房、二〇二二年
鎌田元一『律令公民制の研究』塙書房、二〇〇一年
櫛木謙周『日本古代の首都と公共性―賑給、清掃と除災の祭祀・習俗―』塙書房、二〇一四年
坂上康俊『日本の歴史5　律令国家の転換と「日本」』講談社学術文庫、二〇〇九年、初版二〇〇一年
坂上康俊『シリーズ日本古代史4　平城京の時代』岩波新書、二〇一一年
竹内亮『日本古代の寺院と社会』塙書房、二〇一六年
舘野和己『日本古代の交通と社会』塙書房、一九九八年
辻英子『日本感霊録の研究』笠間書院、一九八一年
春名宏昭『平城天皇』人物叢書、吉川弘文館、二〇〇九年

平川南『古代地方木簡の研究』吉川弘文館、二〇〇三年
西本昌弘『早良親王』人物叢書、吉川弘文館、二〇一九年
吉川真司『天皇の歴史2　聖武天皇と仏都平城京』講談社学術文庫、二〇一八年、初版二〇一一年
吉野秋二『古代の食生活―食べる・働く・暮らす―』歴史文化ライブラリー、吉川弘文館、二〇二〇年
吉田孝『律令国家と古代の社会』岩波書店、一九八三年
W. W. Farris, *Population, Desease, and Land in Early Japan, 645-900*, Harvard, 1985.

医療史

新村拓『日本医療社会史の研究―古代中世の民衆生活と医療―』法政大学出版局、一九八五年
新村拓（編）『日本医療史』吉川弘文館、二〇〇六年
新村拓『死と病と看護の社会史』法政大学出版局、一九八九年
服部敏良『新装版　王朝貴族の病状診断』吉川弘文館、二〇二〇年、初版一九七五年
丸山裕美子『日本古代の医療制度』名著刊行会、一九九八年

環境・災害史

中塚武『気候適応の日本史―人新世をのりこえる視点―』歴史文化ライブラリー、吉川弘文館、二〇二二年
橋本政良（編）『環境歴史学の視座』岩田書院、二〇〇二年

速水融『歴史人口学の世界』第二章、岩波現代文庫、二〇一二年、初版一九九七年
平川南（編）『環境の日本史1　日本史と環境―人と自然―』吉川弘文館、二〇一二年
三宅和朗（編）『環境の日本史2　古代の暮らしと祈り』吉川弘文館、二〇一三年
安田政彦『災害復興の日本史』歴史文化ライブラリー、吉川弘文館、二〇一三年
安田政彦（編）『生活と文化の歴史学8　自然災害と疾病』竹林舎、二〇一七年

日本中世と疫病

髙橋昌明『定本酒呑童子の誕生―もうひとつの日本文化―』岩波現代文庫、二〇二〇年、初版一九九二年
田村憲美『日本中世村落形成史の研究』校倉書房、一九九四年

諸外国の疫病

ウィリアム・H・マクニール著・佐々木昭夫訳『疫病と世界史』上下、中公文庫、二〇〇七年、初版一九八五年：*Plagues and Peoples*, The Camelot Press Ltd, 1977
勝田俊輔・高神信一（編）『アイルランド大飢饉―ジャガイモ・「ジェノサイド」・ジョンブル―』刀水書房、二〇一六年
クラウス・ベルクドルト著・宮原啓子・渡邊芳子訳『ヨーロッパの黒死病―大ペストと中世ヨーロッパの終焉―』国文社、一九九七年

ジャレド・ダイアモンド著・倉骨彰訳『銃・病原菌・鉄―一万三〇〇〇年にわたる人類史の謎―』上下、草思社、二〇〇〇年、原著初版一九九七年

著者紹介
一九八二年、京都府に生まれる
二〇一三年、京都大学大学院文学研究科博士後期課程研究指導認定退学
現在、京都府立大学文学部准教授

〔主要論文〕

「大宝二年戸籍と寄口―造籍原理とその転換―」（『史林』九八―六、二〇一五年）
「律令国家と「天平の転換」―出挙制の展開を中心に―」（『日本史研究』六五五、二〇一七年）
「日本古代の疫病とマクニール・モデル」（『史林』一〇三―一、二〇二〇年）

歴史文化ライブラリー
573

疫病の古代史
天災、人災、そして

二〇二三年（令和五）八月一日　第一刷発行

著　者　本《ほん》庄《じょう》総《ふさ》子《こ》

発行者　吉川道郎

発行所　株式会社　吉川弘文館
東京都文京区本郷七丁目二番八号
郵便番号一一三―〇〇三三
電話〇三―三八一三―九一五一〈代表〉
振替口座〇〇一〇〇―五―二四四
http://www.yoshikawa-k.co.jp/

印刷＝株式会社　平文社
製本＝ナショナル製本協同組合
装幀＝清水良洋・宮崎萌美

© Honjō Fusako 2023. Printed in Japan
ISBN978-4-642-05973-2

JCOPY 〈出版者著作権管理機構 委託出版物〉
本書の無断複写は著作権法上での例外を除き禁じられています．複写される場合は，そのつど事前に，出版者著作権管理機構（電話 03-5244-5088，FAX 03-5244-5089，e-mail: info@jcopy.or.jp）の許諾を得てください．

歴史文化ライブラリー

1996. 10

刊行のことば

現今の日本および国際社会は、さまざまな面で大変動の時代を迎えておりますが、近づきつつある二十一世紀は人類史の到達点として、物質的な繁栄のみならず文化や自然・社会環境を謳歌できる平和な社会でなければなりません。しかしながら高度成長・技術革新にともなう急激な変貌は「自己本位な刹那主義」の風潮を生みだし、先人が築いてきた歴史や文化に学ぶ余裕もなく、いまだ明るい人類の将来が展望できていないようにも見えます。このような状況を踏まえ、よりよい二十一世紀社会を築くために、人類誕生から現在に至る「人類の遺産・教訓」としてのあらゆる分野の歴史と文化を「歴史文化ライブラリー」として刊行することといたしました。

小社は、安政四年（一八五七）の創業以来、一貫して歴史学を中心とした専門出版社として書籍を刊行しつづけてまいりました。その経験を生かし、学問成果にもとづいた本叢書を刊行し社会的要請に応えて行きたいと考えております。

現代は、マスメディアが発達した高度情報化社会といわれますが、私どもはあくまでも活字を主体とした出版こそ、ものの本質を考える基礎と信じ、本叢書をとおして社会に訴えてまいりたいと思います。これから生まれでる一冊一冊が、それぞれの読者を知的冒険の旅へと誘い、希望に満ちた人類の未来を構築する糧となれば幸いです。

吉川弘文館

歴史文化ライブラリー

古代史

歴史文化ライブラリー

〈謀反〉の古代史 平安朝の政治改革――春名宏昭
皇位継承と藤原氏 摂政・関白はなぜ必要だったのか――神谷正昌
王朝貴族と外交 国際社会のなかの平安日本――渡邊 誠
平安貴族の仕事と昇進 どこまで出世できるのか――井上幸治
平安朝 女性のライフサイクル――服藤早苗
平安貴族の住まい 寝殿造から読み直す日本住宅史――藤田勝也
平安京のニオイ――安田政彦
平安京の災害史 都市の危機と再生――北村優季
平安京はいらなかった 古代の夢を喰らう中世――桃崎有一郎
天神様の正体 菅原道真の生涯――森 公章
平将門の乱を読み解く――木村茂光
平安時代の死刑 なぜ避けられたのか――戸川 点
古代の神社と神職 神をまつる人びと――加瀬直弥
古代の食生活 食べる・働く・暮らす――吉野秋二
古代の刀剣 日本刀の源流――小池伸彦
大地の古代史 土地の生命力を信じた人びと――三谷芳幸
時間の古代史 霊鬼の夜、秩序の昼――三宅和朗

民俗学・人類学

古代ゲノムから見たサピエンス史――太田博樹
日本人の誕生 人類はるかなる旅――埴原和郎
倭人への道 人骨の謎を追って――中橋孝博
役行者と修験道の歴史――宮家 準
幽霊 近世都市が生み出した化物――髙岡弘幸
川は誰のものか 人と環境の民俗学――菅 豊
柳田国男 その生涯と思想――川田 稔
遠野物語と柳田國男 日本人のルーツをさぐる――新谷尚紀

各冊一七〇〇円～二一〇〇円(いずれも税別)
▽残部僅少の書目も掲載してあります。品切の節はご容赦下さい。
▽品切書目の一部について、オンデマンド版の販売も開始しました。
詳しくは出版図書目録、または小社ホームページをご覧下さい。